新版

誰も書かなかった
高橋信次
巨星の実像

菅原 秀
Schu Sugawara

SEIKO SHOBO

〔新版刊行にあたって〕

なぜ今、高橋信次なのか

私がこの本を書いたのは一九九五（平成七）年である。執筆の時点から十九年さかのぼる一九七六（昭和五十一）年に亡くなった高橋信次《たかはししんじ》の教えと、その人柄について記述している。

自分自身の心のよりどころを求めて宗教や魂の世界に答えを求めようとした経験は、誰しもが持っておられるだろう。私もみなさんと同じである。私の場合は、若いころに遭遇していた問題が、手に負えない目に見えない精神世界の事柄だったので、高橋信次に相談に行った。それをきっかけに、五年間の親交を得ることとなった。この本はその交流を記録したドキュメンタリーである。

一九七〇（昭和四十五）年、高橋信次は、東京・浅草の自社ビルの一角に絨毯《じゅうたん》を敷き詰めて、車座になって心の問題を説くということを開始した。私が訪ねて行ったのは、その車座の講義が開始された直後のことだった。

高橋信次の教えはあっという間に全国に広がり、GLA《ジーエルエー》という名前の宗教教団として拡大していった。その間、私はその教団の信者の立場としてではなく、まるで先輩を頼るような気持ちで、全国の講演に飛び回る高橋信次を訪ね続けていたのである。

高橋信次が心の問題を説きはじめたころから、自分は四十八歳で死ぬと言い続けていたのは有名な話だが、予言通りに亡くなったとたん、「GLAの後継者である高橋佳子はニセモノであり、自分こそが高橋信次の後継者である」と自称する人々が、次々に宗教団体を作りはじめるようになっていった。

高橋信次のそばで、その間の狂騒を観察し続けていた私は、そうした騒ぎによって家庭を崩壊させたり、怪しげな教義を押しつける自称後継者たちを見るにつけ、心が痛み続けた。そこで、やむにやまれず、この本を書き下ろすことになったのである。

その後、この本は絶版となり、オークションで高額で売られる稀少本になってしまった。大枚一万円を出しても、この本を読みたい人がおられることに驚いた。

高橋信次が蒔《ま》いた種は、あちこちで変形し、いまだに大きな影響を与え続けていることが、そうしたことからも理解できる。

最近、遠隔気功でガンを治している藤谷泰允《やすみつ》さんと知り合いになり、その遠隔透視力が、高橋信次を彷彿させるパワーを持つことに驚いた。よくよく聞いてみると、現在の境地にたどりつくことができたのは、高橋信次の指導によるものだという。

高橋信次の教えを、金儲けや自分の教団拡大の道具にしている人々とは裏腹に、藤谷氏は自分のパワーを金儲けの種にせず、他人への奉仕のために東奔西走し、悩みを抱える人々の相談にのっている。

ジャーナリストとしての私が本書で伝えたかったのは、高橋信次の教えは、そうした生き方をしなさいと教えた、ということだったので、すぐに藤谷さんと意気投合することとなった。

また、世界各地で「内観」と呼ばれる心の内省法を指導しておられる中野節子さんも、高橋信次の影響を強く受け、それが現在の活動の原点となっていることを知った。中野さんにこの本を差し上げたところ、高橋信次さんを客観的に描写している唯一の本だと、喜んでくださった。今でも中野さんは、内観法の指導者である元青山学院大学法学部教授の石井光氏と二人三脚で、ドイツ、アメリカ、中国、タイなど全世界を駆けめぐって、苦しんでいる人々が心のバランスを取る作業を応援し続けている。

中野さんの活動の清らかさは、まさに高橋信次の教えが現在に脈打っている証拠だといえる。新宗教ブームの中で、高橋信次の教えがどんどんゆがんでいく一方、その精神を自分の心の糧《かて》として生かし続けている人々もおられるのである。

そんな中、出版プロデューサーの西塚裕一さんが、この本を復刻しようと考えてくださった。出版元の田中亮介氏も、「この本は多くの人に読んでもらうべき大事な本だ」と言ってくださった。

西塚さんは精神世界に強い興味を持つ人で、でたらめが横行するスピリチュアル本ではなく、魂の糧となるものを普及することを目的として、五目舎を主宰しておられる。西塚さんの後押しで、この本の復刻に同意したのは、最近の社会のさまざまな問題の解決のために、心と魂を重視することがますます大事になってきたと思う気持ちが高まったためでもある。

高橋信次は、超能力があるからといって、その人が立派な人だとは限らないと言い続け、自分の心にフィルターをかけて受け止めなさいと説いたのだが、いまだに人格を磨く作業を忘れて、超能力を求め続ける人が後を絶たない。

高橋信次の「霊道」とか「金粉」とかの超能力が独り歩きしているが、彼は見えない魂の世界を尊重してもらうために、さまざまな現象を利用したのであり、傲慢さを捨てて、宇宙の理《ことわり》の前に謙虚になりなさいということを伝えたかっただけにすぎないのである。

この本には実名が頻繁に登場する。大部分が現存する人々であり、過去のことを思い出すのがいやな人がおられるのも重々承知だが、誤字と表記の不統一などを修正したのみで、初版のときの本文には手をつけずに、ほぼ復刻の形で出すことに三人で合意した。

初版の時点で、実名で記載された人々からのクレームは皆無であったので、登場した方々が、この本の内容が「でっちあげ」ではないことを証明してくださるであろうからである。

二〇一七年三月

菅原 秀

〔もくじ〕誰も書かなかった高橋信次　巨星の実像

本書は一九九五年に明窓出版から刊行された『誰も書かなかった高橋信次』の新版です。再刊にあたっては初版の誤字・誤表記のみを修正しています。尚、文中敬称を略しましたことをお断りいたします。

〔編集〕――――五目舎
〔装幀〕――――フロッグキングスタジオ

誰も書かなかった高橋信次　巨星の実像

はじめに

昭和五十一（一九七六）年六月、ひとりの超人が死んだ。

戦後最大の霊能力者、あるいは釈迦の生まれ変わり、などと呼ばれた高橋信次《たかはししんじ》という男である。

新・新興宗教と呼ばれる現在進行中のムーブメントに大きな影響を与えた人物でもある。

つまり、高橋信次を知らずして、最近二十年間に発生した新しい宗教団体については語れないほどの影響力をもった人物である。

高橋信次の名前を一気に有名にしたのは、『幸福の科学』という新興宗教である。

しかし、『幸福の科学』が信奉する高橋信次という人物の人となりが書かれた書物は、不思議なことに書店に見あたらない。

「高橋信次先生の影響を受けました」

とはっきり言う人がたくさんいる。

そして、本人が書いた著書を手にすることもできる。ところが、それらの著書は高橋信次本人の考えや教えを知らしめるためのものなので、その実像までをつかむことは難しい。また、あまりにも特異な人だったので、当時の彼を知っている人に説明を求めても、なかなか要領を得ない。

「高橋信次ってどんな人だったの？」

という質問を、私自身が今まで何度受けたことか。

質問を発する人の立場や職業はさまざまだ。

いろいろな人たちの質問に、私なりの答えを出そう。これこそが、本書を執筆した最大の動機である。決して大げさでも何でもなく、本書は高橋信次の実像が第三者の手によって描かれた最初の本なのである。

私が高橋信次という知己を得た期間は、五年にも満たない。私は彼が作った『大宇宙神光会』のメンバーではなかったし、のちにネーミングを改めて作った『ゴッド・ライト・アソシエーション（GLA《ジーエルエー》）』の会員に一時はなったものの、まじめに神や仏の道を歩むという修行などやらなかった。

そういうふうにハスに構えていたのがよかったのかどうか、現在のGLAの幹部の何人かが古くからの友人であるにもかかわらず、別段今までケンカもしなかった。また、彼らに会えば直接GLAの悪口を言うことがあっても、私がGLAを誹謗しようという人間と考えられたことはなかったし、これからもないであろう。

私は、高橋信次の人生の一部しか知らないし、ましてや現在のGLAのことなどほとんど知らない。

では、この本の目的は何かと思われるに違いない。結論からいえば、「高橋信次は優れた宗教家であったと同時に、ごくノーマルな人間であった」ということを描き出したいのである。信者ではない立場から描き出したいのである。

さらに私が高橋信次から受けた影響や、彼が存命中のGLAという教団がどういうものであったか、そしてどんな影響を人々に与えたかを、ここでいったん整理しておきたいのである。そうすることは宗教ブームが叫ばれる現在にあって、私がなすべき使命とでもいえよう。


さて、高橋信次の死後に山のような数の本が出た。合計数百万部にもなろうか。「私こそ高橋信次の後継者である」もしくは「高橋信次は地獄に落ちた」という、ふたつのパターンの書籍類である。

どちらも元GLAの会員によるもので、GLA特有の言葉遣いをしている。だから一般の人にはどうもわかりにくい。信者が書く文章というのは、教祖を神格化してしまうからである。さらにこの人たちは、「調和ある生活」「調和ある社会」「その人が生きてきた基盤」などという、ディフィニッション（定義）が明確でない新語をむやみに使う傾向がある。

たしかに辞書には「調和」とか「基盤」とかの言葉が出ている。しかし「調和ある社会」などと言われても、その言葉を聞いた人には、それぞれ別な連想が起きてしまい、意味が成立しなくなってしまうのである。

本書の中では、こういった言葉の使い方を「符牒《ふちょう》言語」と呼んでいる。いわばサークル内での仲間同士にだけ通用する言語だからだ。

符牒言語を使う人たちは、自分の頭の中にだけあるアブストラクト（抽象的）な概念をぱっと持ち出すので、聞くほうは何がなんだかわからなくなって、いやになってしまう。

それが高橋信次の人となりを、ますますわからなくしている原因のひとつになっている。

大川隆法の本を読んだ人々からも、

「高橋信次ってどんな人だったの？」

と聞かれる。こちらのほうはノリの軽い人が多く、教えの中身よりも、天使のしくみとか、天上界の段階のしくみなどにしか興味がないようだ。

私はそういったことにはまったく興味がないので答えようがない。

さて、高橋信次はこの宇宙をコントロールしている意識を「神」と呼んでいる。そして、釈迦や観自在菩薩などの仏教の言葉をたくさん使って、自分の教えを伝えている。

彼が言う「神」とか「天上界」などの言葉が気に障《さわ》る人がたくさんいる。

しかし、実家が浄土宗、浄土真宗、日蓮宗などの鎌倉仏教各派に所属している人たちにとっては気に障るかもしれないが、鎌倉以前の古い宗派に属する家庭に育った人たちは、あまり気にならないようである。つまり、古い宗派が重視する古い仏典の中には、「神咒《しんじゅ》」とか

「梵天《ぼんてん》」（娑婆を支配するインドの神のひとつ）などの言葉が出てくるし、そういう人たちには、子供のころからお寺で見てきたマンダラの絵は宇宙を体現しているものなのだという知識があるので、目に見えない大きな力が宇宙の意思であるに違いない、と考える傾向があるからだ。

簡単に整理しておくと、高橋信次の言っている神は、キリスト教の神と同じものである。そして、如来または仏とは神のことではなく、「最高の悟りを得た人」という意味である。仏教用語としてもこの如来の定義は正しいと思うのだが、鎌倉仏教各派は親鸞や日蓮を敬うあまりに、自派の開祖をまるで神のようにあがめる傾向があるようだ。

いわずもがなだが、仏教の開祖は親鸞や日蓮ではなく、釈迦である。この常識を前提にして、この本を書き進めていく。また、高橋信次と高橋佳子の敬称を省略する。美空ひばりが敬称をつけて呼ばれないのと同じ理由である。

この本の出版間際になって地下鉄サリン事件が発生し、それに引き続いて警察による『オウム真理教』の一斉捜査と、主な幹部の逮捕劇がマスコミをにぎわした。

教祖の麻原彰晃が逮捕され、センセーショナルなマスコミ報道は沈静化し、ときどき、「なぜ特異な教団が発生したのか」というテーマの解説・報道が行なわれている。アメリカのカルトと比較したり、マインド・コントロールの手法を分析し、なぜ若者がカルトに惹きつけられるのかという報道がなされている。

しかし、この教団が持っている「偶像礼拝」のメカニズムと「盲信」のメカニズムに触れている報道や記事はまだないようだ。

「偶像礼拝」と「盲信」については、この本の第五章と第六章で詳しく述べている。出版間際になって、最後に「オウム真理教の危ないメカニズム」という項目を加えた。

これらのメカニズムによる心理コントロールは、人類が昔から陥《おちい》り続けてきたものである。宗教はなくならない。だからこそ、そこから害を取り除くためにはどうしても検証しなければならないテーマなのである。

（註：一九九五年初版に付されたものです）

［第一章］

驚くべき奇跡の数々を見せた現代の霊人

他人の人生を読み取れる男

他人の考えがわかったらおもしろいだろうな、という夢は誰しも持っているものである。そして、他人の心を読める人は、きっとキリストのような超人的な人だろうな、という気持ちも誰しも持っていると思う。

高橋信次は、人の心を読むことができた。

彼が亡くなってからもう十九年も経った（註：一九九五年当時）。それにもかかわらず多くの人が高橋信次に心酔している。その理由の第一に、この人が他人の心を読み取ることができたという信じがたい、強烈な印象があるからではないだろうか。

上野から地下鉄の銀座線に乗りついで、浅草駅で降りると、駅の真上に八起《やおき》ビルという七階建ての建物がある。そこが高橋信次の所有するビルであり、これから活動をしようとする拠点でもあった。

昭和四十五（一九七〇）年の五月。地下鉄の駅から地上に出ると青空がきれいだった。急ぎ足で歩くと軽く汗をかく程度の、いい季節だった。私は初めて八起ビルに高橋信次を訪ねた。当時の私は二十二歳。自分が抱え込んでいた問題を解決できずに、超能力の噂《うわさ》の高い高橋信次に相談をするためである。彼は当時四十三歳だった。高橋信次は私の訪問を歓迎してくれ、その後五年間にわたって相談にのってくれた。

話を聞きに来る人は年齢も二十代から六十代とさまざまだった。そして、私が初訪問したころをきっかけに、すごい勢いでその数が増え続けていったのだが、高橋信次は迷惑そうな顔は一切せずに、人々の相談にのっていた。

相談に来る人々は、さまざまな悩みを持っていた。しゅうとめとのあつれきによる心の悩み。商売の上での悩み。人間関係の悩み。宗教上の悩み。身体の不調。つまり、それらの悩みを自分で解決できずに、高橋信次の噂を聞きつけて全国からやってくるのであった。

彼は、相談に来る人々の名前をほとんど覚えていなかった。いや、覚えるのは無理なほどの人数であったのもひとつの理由ではある。しかし相手の名前を覚えなくても、その人固有の意識を読んでいたようだ。ひとりひとりが持っている複雑な意識をよく記憶していた。

私たちは、相手の名前を忘れてしまうと、その人の顔やしぐさや職業上のくせを観察しながら、いつどこで会ったか思い出そうとする。高橋信次はそういった普通の方法ではなく、相手の心を読んで、いつどこで会った人かを思い出していたようだ。

身内の人以外には相手の名前を呼ぶことはなく、必ず「あなた」というふうに呼びかけていた。だから、名前を覚える必要もなかったのではないかと思う。

二、三回目の訪問をしたある日の午後、やはり天気のいい日だった。八起ビルの三階の窓から入り込む気持ちのいいそよ風がほおをなでていた。高橋信次を囲んだ私たち若者が車座で彼の話を聞いていた。その日の話は、心をコントロールするための方法が話されていたように思う。話が一段落して雑談に入ると、六十歳ぐらいの婦人が、

「高橋先生ですか？　お初にお目にかかります」

と言いながら、部屋に入ってきて、私たちからちょっと離れた位置に正座し、深々とおじぎをした。

「今、電話をくださった方ですね。高橋です」

と言って、その婦人にあいさつを返したのには驚いてしまった。つまり、高橋信次は一時間以上も私たちと一緒に座っており、その間、まったく電話には出なかったからだ。

絨毯《じゅうたん》の敷いてある五十畳ほどの広さのその部屋は、一部が仕切られていた。机がいくつか置いてあり、事務局員ふたりが事務をとっていた。GLAという名前での会員制組織ができる前の話であるが、このころには高橋信次を訪ねる人が増えはじめていたので、そのための事務機能を調《ととの》えはじめていたのである。

もちろん、その婦人は事務局に電話をしてここを訪ねてきたのだろうが、高橋信次は電話から十メートルほど離れたところで、私たちとずっと話していたのだ。

婦人は、

「熊谷から出るときに、こちらの場所を書いた紙を忘れてしまったのです。高橋先生がお教

えくださらなかったら、私は訪ねてこられませんでした」

　埼玉県の熊谷から出てきたというインテリふうのこの婦人に、向こうで作業をしていた萩原さんという事務局員が声をかけた。

「あっ、今電話をくださった○○さんですね。高橋先生、この方は、ここの電話番号が金色に輝いて目の前に見えたとおっしゃっているのです」

「先ほどの萩原さんですか？　ありがとうございます。やっと先生にお目にかかることができました」

　彼女はしきりに事務局員にお礼を言っている。

　その婦人の話によると、浅草で地下鉄を降りて、ここの場所を書いてある地図を出そうと思ったらハンドバッグの中に見あたらず、道路を行ったり来たりしながら、いっしょうけんめいに祈ったそうである。

「どうか高橋先生、場所をお知らせくださいまし」

　そうして公衆電話の前にさしかかると、急に目の前に金色の数字の列が現われてきたという。つまり、ここの電話番号がくっきりと目の前に知覚できたのだという。そして、急いで電話ボックスに飛び込んで電話したら、ちゃんと通じて、ここを訪ねることができたという。

　高橋信次はニコニコしながら、

「よかった、よかった」

と言い、その婦人に向かって、

「私が教えたのではなく、あなたの祈りを神が聞いてくれたのですよ」

と言った。それにしても、

「今、電話をくださった方ですね」

とあいさつを返したということは、彼は電話のやりとりを知っていたということになる。私たちと話しながら、事務局員と婦人とのやりとりを聞いていたのだろうか？　いや、それは不可能な距離だったし、熱心に話し込んでいたはずである。

高橋信次は、その婦人に私たちの輪の中に入ってくるように言い、自分の手前一メートルほどの場所に座らせた。そして手のひらを彼女に向け、軽く下を向きながら目をつぶり、何ごとかぶつぶつつぶやいた。やがて、口を開いた。

「あなたは長年教師をしていましたが、仕事のほうはしっかりやっているのに、自分の家庭をここまで不調和にしてしまいましたね。娘さんの病気を作ったのはあなたです。あなたは、どうしたらいいかを知っているけれど、頭がいいので解決を邪魔しているのです」

高橋信次はその婦人がインテリであり、知性が十分にあることを説明した。しかし、知性だけの理解では愛情のある家庭を作れないことを、じゅんじゅんと説いた。

彼女は涙を流しはじめた。

「ここを訪ねてこようと思ったのもあなたですが、地図をなくしてここに来られないようにしたのもあなたですよ。わかりますね」

「高橋先生、どうか娘の病気を治してください」

どうも話の内容から察すると、この婦人の娘さんは精神分裂症のようなものにかかっているらしい。高橋信次が何らかの方法で、この婦人の心を読み取っているのは明らかだ。

その後、何年かかかって、この婦人は自分の家庭の問題と娘さんの問題を克服したと聞いた。つまり、仕事にかまけて夫と子供との関係がうまくいっていなかったのが、子供の病気の原因らしかった。彼女はそのことを反省して、仕事と家庭の状態を軌道修正するのに成功すると、娘さんの病気も治っていったとのことだ。教育者の家庭によくあるパターンだが、それを克服したというのだから、この婦人も必死だったのだろう。

高橋信次は相手からの相談の言葉を待たずに、一方的に問題点を指摘し、その解決法を示すことが多かった。この婦人の場合もそうだった。娘の病気の悩みで相談に来たということまで見通している。

GLAというのが、高橋信次の作った団体の名前である。昭和四十六(一九七一)年になって正式にGLAが発足するとともに、彼は全国各地から請われて講演に行くようになった。各地に集まる人数が勢いよく増えていったので、他の宗教団体もGLAを気にしはじめるようになった。他の宗教団体の矛盾に対する高橋信次の批判はきわめて的を射ていたので、自分が所属する宗教団体に疑問を感じている人間もかなり集まってきた。当然、他の宗教団体から派遣された偵察者も相ついだ。

そして高橋信次は、公衆の面前でそのスパイを摘発するということを何度か行なっている。

昭和四十六年の十月ごろ、秋田で行なった講演の最中、高橋信次は突然こう言った。

「この中にふたりの不調和な人間がいます。そちらでさっきからニヤニヤしている女性、そう、あなたです。それから柱に寄りかかっている男性、あなたです。あなた方は、○○会という宗教団体の会員です。この講習会を偵察しろと言われて来たのです。堂々と前に出てきなさい」

柱に寄りかかっていた男は、脱兎のごとく会場から飛び出した。ニヤニヤ女性は五十歳ぐらいだったろうか。聴衆の真ん中にいたので逃げるわけにはいかない。顔面が蒼白になっている。その女性は、

「違います。私は友だちからさそわれて、この講演を聞きに来たのです」と抗弁したが、なにせ田舎なので、顔を知っている人が会場の中に何人かいた。その人たちが、

「先生、あの人は○○村の○○会の幹部です」と言いはじめた。その女性はふてくされた顔をしながら、足をがたがたふるわせて会場から退場した。

どうしてわかるのかと高橋信次に聞いてみると、

「彼らのまわりに不調和なガスがかかっているのです」

と不思議なことを言う。こういったスパイがひとりでもいると、参加者の気持ちに悪い影

響を与えて、正しい教えの伝達ができなくなるとのことだった。

昭和四十五（一九七〇）年にGLAがスタートする前から、高橋信次のまわりには『生長の家』という宗教団体を遍歴してきた人の参加が目立った。すでに幹部の何人かが高橋信次に帰依《きえ》（信仰して弟子になること）していた。また、既成の仏教やキリスト教に属する人々もたくさん来ていた。中には、あきらかにお坊さんのかっこうをしている人もいた。高橋信次は時間の許す限り、これらの人々の個人的な相談にのっていた。

ある日、高橋信次の前に神妙な顔で座って何ごとか相談をしている中年の男性がいた。私が部屋に入っていくと、高橋信次は、

「この人は、あなたと縁のある人だからこちらへいらっしゃい」

と私を呼び寄せた。『生長の家』の幹部をしていた人とのことである。

この教団からは『天と地を結ぶ電話』という死後の世界とのコンタクトをあつかった感動的な本が出ており、興味を持って読んだことがある。その団体の幹部だった人というので、とても興味深かった。ただしこの団体は、自民党の右派と組んだ国旗掲揚運動などを積極的にしていた教団で、教義の内容とその運動との関係が私にとっては不可解だった。だから、私自身から接触しようとしたことはなかったのだが。

高橋信次は、その男性の過去を実に的確に指摘していた。話はその男性と教団の関係のことだけでなく、家族生活や浮気にまでおよんでいた。

「そのとき、あなたの心は非常に浮ついていましたね。でも、それが間違いであることに自分で気づくことができましたね。その後、その女性とわだかまりなく話せるようになったのは、谷口先生の指導によるんですよ」

など、見てきたように話している。谷口先生というのは、『生長の家』の先代の教祖谷口雅春氏を指しているらしい。そして、高橋信次はこの中年男性の過去を、谷口教祖の意識を通じて聞いているのだという。

高橋信次によると、その『生長の家』の元幹部は、インド時代に私の友人だったという。だから縁があると言ったのだそうだ。

「そのうち、思い出すでしょう」

つまり、この男性と私は二千五百五十年前の同じ時期にインドで生まれ、釈迦のもとでともに修行をした仲なのだそうだ。高橋信次によれば人間は何度も生まれ変わる。その前世で一緒だった人とのことだ。

でも、どうも友だちになりたいタイプの人ではない。というのは、一般の人ならまだしも、人の心をあつかう宗教団体の幹部だった人だからである。そういう立場の人でありながら、高橋信次と話していたのは、修行や教義による悩みではなかった。女性問題や人間関係など、世俗的な失敗の経験の解決を高橋信次にゆだねていた。

そして自分の個人的な問題をウダウダと話し続けていた。個人的なことをウダウダ話して、自分のつらさを訴えるというこの手のタイプは私にとって一番苦手である。

前世では立派な人だったのかもしれないが、こういうタイプの人と私が友だちだったのかと思うと気が重くなった。

その後、彼がGLAの会合でよく霊道のデモンストレーションをするのを見かけるようになった。私は今生《こんじょう》（現在の生のこと）でまた友だちになってしまうことがいやだったので、その人を見かけると、できるだけ離れるようにした。

案の定、何年かのちにGLAの講師になった彼は、私の顔をすっかり忘れてしまっていたようで、私に向かって説教をしたことがある。自分のことを棚に上げて、他人に修行が足りないと批判する月並みな説教だった。

初めて訪ねてから、二か月目ごろだったろうか。つまり昭和四十五年の七月ころだ。高橋信次は、私に向かってこう言った。

「あなたが今やっている教室はとても狭すぎます。まともな看板も出ていない。もっとお金をかけて、広いところを借りて宣伝をする必要があります」

これにはびっくりしてしまった。当時の私は、二十歳《はたち》をちょっと過ぎたばかり。新聞や雑誌に原稿を書くなどの仕事をしていたものの、収入のほうがあてにならないので、同時に子供たちを集めて、音楽と絵の教室を開いていた。

当時の私は、独学で作曲の勉強を開始していたころで、まだテレビやラジオの作曲の仕事はしていなかった。さらに、のちに述べることになる子供の絵の研究も同時に開始していた。それらの勉強を実践するという意味合いもあった。

高橋信次には自分の生活のことなど一切話したことがなかったのに、まるで見てきたようなことを言う。しかもその教室というのは、浅草から四百キロも離れた東北の田舎町にあった。

「どうしてわかるんですか？」

と聞いたところ、

「あなたの後ろにいる偉い人に聞いているのです」

たとえば、つのだじろうのマンガにある「うしろの百太郎」が私にもついているのだろうか。

「あなたの守護霊《しゅごれい》が、あなたのことを心配して、私にいろいろと説明してくれるのです」

高橋信次は、私の守護霊とやらとしばらく話をしていた。そして、

「うん、なるほど。わかりました」

とつぶやいた。

「あなたの教室をちゃんとするには千二百万円が必要です。そのお金は、もっと広いところを借りるのに必要な金額です。宣伝をすることも必要です」

高橋信次は、どういう場所を借りるべきか、宣伝はどうすべきかなどを説明した。つまり、新しい場所を借りる家賃、敷金、改装費、新聞やテレビへの宣伝費などを細かく説明した。

私の守護霊と相談して判明した必要な金額だという。

「来週の月曜日にそのお金を貸しますから、取りにいらっしゃい。必ずすぐに返せるようになるので、安心して借りにいらっしゃい」

と不思議なことを言う。まだ四、五回しか会ったことのない、二十歳をちょっと過ぎたばかりの若者に対して、高橋信次は驚くべき援助を申し出たのだ。

千二百万円などというお金は、当時の私には見当もつかない大金だった。今の感覚でいえば、家を一軒買えるぐらいの金額だ。二、三日考えてみたが、雲をつかむような話だったので、借りに行くのをやめようと決意した。高橋信次はその後、私に貸すといっていたお金のことでは何も言わなかった。がんこな若者だとあきらめてしまったのだろう。

高橋信次は、宗教関係者には特にきびしい指導をしていた。

「宗教関係者というのは、人に間違ったことを教えることが多いので、ほとんどが地獄に行くのです。そのためには他人の何倍も、自分の心を磨く努力をしなければならないのです」

宗教家に対しては、

「○月○日にあなたはこんなことをしましたね」とか、「こういうふうに思いましたね」「そのとき、○○さんがいましたね」という聞き方をよくしていた。相手の記憶を鮮明にさせるために、たたみかけ、容赦しなかった。

誰も見ていなかったはずのことを指摘されるのだから、指導されるほうはうそをつけなくなってしまう。

つまり、宗教家の場合、急いで反省をするきっかけをつくらないと地獄にまっしぐらというコースをたどってしまうので、特にきびしくしているという。

高橋信次が、私に宗教家たちへの指導を積極的に見せてくれたのは、第二章で話すが、私が宇宙体操に関わっていたことと関係がある。つまり私に、宗教は怖いものであるということを教えたかったのである。

先に話した『生長の家』の元幹部などは、その後も何度も何度も、心の中に隠していることを洗いざらいにするという作業をさせられていた。

彼以外にも、他の宗教団体から高橋信次のもとに来た人がたくさんいた。GLAが特徴的だったのは、他団体の幹部クラスの人の帰依が多かったということだ。そして、あとにはひとつの教団がまるごと帰依することになる。宗教学者たちものちに指摘しているが、こういった形の集団帰依は宗教史上めずらしい出来事だという。

「子供は、毒を食わないので、心に毒がたまりません。おとなになると、どんどん毒を食って、心にため込んで、その毒を使って人を害するようになります」

高橋信次に言わせれば、人間はそもそもきたない存在である。

「目ヤニ、鼻糞、大便と、人間の体はきたない限りです。あなたは、タン壺や便壺の中に手を入れられますか。できませんね。しかし、そういった人間のきたない体よりももっときたなくて恐ろしいのが、人間の心の中に形成される毒です」

うらみ、ねたみ、そしりなどで、どれだけの人々が傷つくか、そしてそういった他人を悪く思う心理は、長年にわたるゆがんだ生活の中で形成されていく。人をうらんだり、ねたんだり、そしったりすることは不必要である。いや、むしろ、そういったことをしないほうが、相手にとってだけでなく、自分にとっても幸せなことである。

悲しいかな、人間は他人を悪く言うことで、自分のアイデンティティーを確認しようとする。高橋信次は、心の毒は他人と自分に恐ろしい作用をおよぼすと言い続けた。

そして宗教家の心の中に形成されている毒は、一般の人の何倍もの毒性を持っていることを訴えた。つまり、人を教え導くという立場が、本来清いものだと思ったら大間違いだということである。

なぜならば、教団という心の上下をあつかうヒエラルキー（ピラミッド組織）の中では、信徒たちの側からのチェックを受けることはめったにない。社会的にも、宗教法人という法律的な保護の中で、めったなことではチェックを受けない。それだけに、ひとりよがりな価値観が毒となって心にため込まれるのである、と高橋信次は言った。

宗教団体の幹部の人たちの心の毒たるや、どの団体にいた人も大変なものだということを、高橋信次の指導をはたから見ていて納得した。宗教団体というのはとても怖いなと、つくづく思ったものである。

高橋信次は、宗教家の心の中にはどういうふうに毒素が形成されているのかを、さまざまな方法で見せてくれた。

おおむね宗教家に共通しているのは、指導的立場にあるということで傲慢《ごうまん》になっていて、自分は特別な人間であると思う特権意識から抜け出せないことだ。すべての人が平等な人間であるはずなのに、自分は他の人の上に立つ人間だと勘違いしている。さらに一番やっかいなのは、他人の頭をのぞけもしないのに、相手を「心が未熟な人」と決めつけて、「導いてやろう」という傲慢さを捨て切れない点である。

その指導にもかかわらず、高橋信次の死後、弟子たちが次々に自分を教祖とした団体を作ったが、これら教祖の大部分がそういった気持ちから抜け出せていない。人間は神の僕《しもべ》であるべきである。

高橋信次は、これでもかこれでもかとばかり、こういった人々の心を白日のもとにさらすことを行なっていた。もちろん公衆の面前で罵倒するなどということは決してせず、主として一対一、あるいは関係者を含む小人数での個人相談として行なっていた。

そうやって、日付まで言われて指摘されたほうはただびっくりするだけで、口では反省を約束するものの、何度も同じことをくり返していたようだ。

「水に浮かんで走っている船は、いったん止めても慣性の法則で、すぐにはストップできません。人間の心もそれと同じで、今までやってきたことのくせを修正するのはとても難しいのです」

高橋信次は、なかなか心の軌道修正ができない宗教家たちに、くり返しくり返し、個人指導を行なっていた。

キリストの癒《いや》しの実演と引導《いんどう》渡し

キリストは数々の病気治療を行なった。キリストの奇跡のひとつである。キリストの奇跡と呼ばれているものには、病気治療、悪魔ばらい、少しのパンと魚で数千人を満腹にさせた事跡などがあり、複数の福音書に記述されている。

旧《ふる》いキリスト教団体は聖書に書かれている奇跡を否定している。

しかし現在の新宗教と呼ばれる団体（仏教系も含む）や、アメリカのカルト（最近アメリカで流行《はや》っている新興宗教一般のこと）のほとんどが、聖書の事実を積極的に認めながら、「われこそは本物だ」とばかりに病気治しを行なっている。それで、治ればいいのだが、逆に宗教団体につけ込まれて不幸な生活に陥ったり、幻覚や幻聴の症状に悩まされて精神病院に直行という人々があとを絶たない。

たとえば、病気を治すのに先祖の位牌を仏壇に祀《まつ》れという宗教団体がある。それでも病気が治らないと、もっと前の先祖も祀れといわれる。教団から位牌をもらうたびに、お金を取られる。この位牌を百枚以上も仏壇に並べて、「家族の病気が治らない」と苦しんでいる老婦人を、私は見たことがある。この人は位牌に奇跡を求めたが、奇跡は起こらなかった。

また、憑依霊《ひょういれい》を取るとして、病人を殴りつけたり、傷口に塩をなすりつけたりして、死亡させてしまうという事件がいくつか起きている。盲信が狂信になってしまった悲劇である。

世の中には、医者にも治せない病気にかかっている人がたくさんいる。それらの人々にとって、奇跡は大きな救いである。あそこに行けば病気が治るといわれれば、わらにもすがる思いで訪ねていくのが人情だろう。

しかし、奇跡というのは今言ったように、危険と裏腹なものである。

さて、高橋信次の場合はどうだったのだろうか?

彼は病気治しそのものは、あまり積極的に行なわなかった。ただし、彼に病気を治してほしくて訪れる人は数多かった。そういう人々に対しては、心を修正すれば病気が治るということを、色心不二《しきしんふに》(身体と心は不可分の関係にあるという理論)を説きながら、根気よく説明し続けた。

さらに病気の八〇パーセントは憑依霊のせいであると説いた。この憑依霊を取ると病気が治るという。ただし、色心不二を理解した正しい生活をしなければ、また別の憑依霊がついて元のもくあみになると説いた。色心不二というのは、天台宗を起こした中国の僧侶智顗《ちぎ》が六世紀に説いた概念で、天台宗や日蓮宗にとっては重要な教義になっている。

私は、ある若い女性に高橋信次のことを話した。彼女はぜひ会わせてほしいという。昭和四十五年の夏ごろだった。

その女性は仕事のことで悩んでおり、体の不調や精神の不調を訴えていた。腰痛がある上に膀胱炎もあって夜も眠れないという。急に個人的な相談を持ち込んだら困るだろうと思って、毎週土曜日に開催されていたＧＬＡの集会に早めに連れていった。暑い季節だったので、彼女はとても大変そうだった。一緒に歩く私のほうにも彼女の病気がうつるのではないかと思うほど、疲れ切っていた。太めの彼女は、汗をだらだらかきながら浅草駅の階段を昇り、必死の思いで八起ビルにたどりついた。

まだ集会には早い時間だったので、高橋信次はすぐにその女性の相談にのってくれた。やはり、彼女の守護霊から、彼女の心や体のことを聞いていくという方法であった。やがて、彼女は個人指導を受けているうちに顔面蒼白になって、気を失ってしまった。

高橋信次は、

「ぼくがこの人の憑依霊を無理やり追い出してしまったので、気分が悪くなったのです」

と言いながら、こう唱え出した。

「天上界の諸如来、諸菩薩。この者に光をお与えください」

それから、その女性の頭に軽く手をあてて、さらに体からほこりを払うように腰から足首にかけてパタパタと叩いた。

「もう、大丈夫。立ってごらん」

その女性は、よろよろしながら立ち上がった。

「どうですか。まだ気分が悪いだろうけど、腰のほうは治っているでしょう」

彼女は、腰を曲げながら、「あら、軽くなったわ」と言った。

「私、どうしたのかしら」

しばらく気を失っていたあいだ、どうなっていたのかわからないという。

「憑依霊がついていたのが急に離れたから、体がびっくりしたんですね。腰の具合が悪かったのも憑依霊のせいですよ。よっぽどあなたにくっついていたらしい」

高橋信次は、そんな不思議な説明を始めた。

死んだ人間は、自分が死んだことに気づかず、体を欲しがっているのだという。そして、自分と同じ心理状態の人間を見つけると、その人間に取りつくのだそうである。同じ波動の心を持っていると、「類は類を呼ぶ」の法則で憑依霊がぱっと飛んできて、体にしがみついてしまい、不調を起こすのだという。

果たして、そんなことがあるのだろうか?

その女性は、腰痛はあとから再発したものの、痛くてつらかったという膀胱炎は、その日を境にすっかりなりをひそめた。

「憑依霊と同調する心を自分が持っている限り、再発しますよ」

それが高橋信次の彼女に対する注意だった。してみると、膀胱炎を呼び込む心理状態は彼女からなくなったものの、腰痛を呼び込む心理状態が残っていたということになる。

「憑依霊というのは、聖書に書いてある悪霊と同じものですか？」

と聞いたところ、

「悪霊というのは、とても手に負えないものです。そのうち説明します。憑依霊というのは、普通の人間の死んでからの意識です。死んでからも死んだことに気づかずに、その辺をうろうろしているのです。浮遊霊《ふゆうれい》とか地縛霊《じばくれい》とも呼ばれています。そのうちおもしろい実験をしましょう」

その実験というのは傑作だった。リウマチで悩んでいる老婦人の相談をしていたときのことだ。高橋信次は私を手招きして言った。

「この女性はきっと不思議なことを言い出すから、よく観察しておきなさい」

高橋信次が手をかざして、何ごとか話しはじめると、その女性の憑依霊らしき人物が、その女性の口を借りて、高橋信次に毒づきはじめた。高橋信次は、

「お前は今、とても寒いところにいる。どうだ、寒いだろう」

と問いかけた。女性は震えはじめ、男の声で、

「さむい、さむい」

を連発した。さらに、

「今、何年の何月かを答えなさい」
と聞いてみると、
「大正十一年の五月に決まっているじゃないか！」
と言う。これには驚いた。

高橋信次によれば、憑依霊というのは死んだときの心の状態をそのまま固定してしまっていて、今でも生きているつもりになっているという。

高橋信次は、人間の死後を次のように説明した。

人は死ぬと魂が肉体から抜け出して、走馬燈のように人生を鳥瞰《ちょうかん》することになる。生まれてから死ぬまでのすべての記憶がすごいスピードで引き出され、心の中は「あのときこうすればよかった」とか、「あの人に申しわけなかった」という気持ちでズタズタになるそうである。

やがて、生前の心の修行のレベルに応じた死後の世界に到達するようになり、そこに落ち着いて、死後の生活を開始することになる。このレベルに応じた世界というのは、その人の心が形成するものだという。さらに、地獄と呼ばれる世界を形成する人もいる。これは心の醜さが生み出した死後の世界であるという。

さらに、死んだことを理解できずに、ある種の地獄を心の中に形成しながら地上をさまよっている人もいる。うらみ、つらみなどの怨念に気を取られて、その怨念が形成した世界、つまり地獄という世界に自分がはまっていることに気づかない状態である。これが浮遊霊と呼ばれる意識で、生前と同じ肉体に執着する傾向が強い。したがって生きた人間に取りつくので、憑依霊とも呼ばれるのだという。

私は、死んだ人間がそのままの意識で漂っているというのは、ものの本でしか読んだことがなかった。だが、このリウマチの婦人の実験の通りだとすれば実証されたことになる。

私もやってみたくなった。

今考えれば無謀なことをしたと思うのだが、憑依霊のメカニズムを知りたいという興味のほうが強かった。それに子供のころからオーラが見える体質だったので、憑依霊がいるかいないかの見当をつけるのはたやすかった。

私は、生まれつき目が弱かったせいか、他人をその人のまわりを囲っている光彩で判断するくせがあった。まじめに識別はしていなかったのだが、少年雑誌にオーラというものの存在が書かれていたのを見て、単なる光彩だと思っていたものが、実はオーラだと知った。大部分の人には見えないということを、おとなになってから知って驚いたものだった。

このオーラというのは霧のような形状で、近くに寄ると湯気のようにゆれ動いているのがわかる。さらに、人体から発するオーラとは違って、霞《かすみ》を薄くしたようなものがよく浮遊している。高橋信次によれば、これは憑依霊だとのことだった。

私は、憑依霊にしゃべらせるという実験をさまざまな人に試してみた。憑依霊に取りつかれている相手をトランス状態にして、その人を支配している意識に「今は何年か？」と聞いてみたのである。そうすると、どの憑依霊も必ず見当違いの年月を答えるのである。

どうやってトランス状態にするかについて読者は興味を持たれるであろうが、マネをされると困るので、この本に書くことはできない。どうしても知りたい人は、そういう方法を指導している宗教団体を訪ねればよい。ただし、発狂して精神病院で死ぬまで過ごすことになるという確率がとても高いことを、ひと言注意しておきたい。

しかし、私には高橋信次のように霊の世界をしっかりと知覚して、その詳細を描写する能力がなかった。にもかかわらず、興味本位で行なっていたのである。

「見えない、聞こえない、という状態で霊をあつかってはいけません」

と言っていた彼の忠告を無視したことになる。

高橋信次は、病気の八〇パーセントは憑依霊によるものだと説明した。

彼の説明によると、人間は不調和な心を持つと、体の一部に炭酸ガスがたまるなどの器質的な変化を起こし、ウィルスや細菌を培養しやすくなる。その部分に同じ波動を持った憑依霊がついて、本格的な病気を起こすようになる。憑依霊を除去すれば一時的に病気は治るが、肝心の心のゆがみを直さないと、またまた別の病気を呼び込むという。

この憑依霊というのは目に見えるのだそうである。高橋信次はよく、

「あなたは肩が痛くて苦しんでいますね」

とか、

「右足が子供のころから不便でしたね」

と言って、相手をびっくりさせることがあった。病変部についている憑依霊がポーッと白くかすんで見えるから、すぐわかるそうである。

ただし世間の霊能者がよくいうような、昔のさむらいの姿とかのようにはっきり見えるものではなく、スモッグのように見えるそうである。もし生前の実際の姿を見たい場合は、別の手続きをする必要があるという。

高橋信次に指し示された憑依霊を見ると、やはりスモッグのような白いもやが見える。これは霊視という見え方で、誰にでも見えるものではないそうである。

でも、私にはこういうスモッグは子供のころから見えていた。これが憑依霊というものだとは、高橋信次から言われるまで知らなかったが。また、先天的に憑依霊が見える人が結構多いことに、のちに気づいた。

オーラというのは、人のまわりに見える光彩である。こちらのほうは先天的に見える人はあまりいない。仏像やキリストの像に後光というのが描かれているが、あれがオーラである。キリストの像に描かれているのは丸い輪であるが、これは形としては正確でない。仏像の後光のほうが正しい。頭のてっぺんの百会《ひゃくえ》というツボから蒸気のように噴き出ているのがオーラの中心で、最も層が厚い。残りは身体の各部のツボから出ている。

霊能者がオーラの色を「赤い」とか「黒い」とかいうのは、いささか不正確である。粒子の集合体として、全体が「赤い」とか「黒い」とかの感じにはなるのだが、絵の具のような色ではない。

たとえていえば、電灯の光彩や太陽の光彩のようなものである。これらの光彩を何色と表現すればいいだろうか。私の感覚でいえば、透明な黒とか、透明な白という感じである。しかし、人の感覚は十人十色だ。さらに、その色合いには、柔らかさや、きつさの感じがある。私なりに柔らかい感じを言葉にすれば、金色とか黄色であろうか。きつい感じといえば青とか緑になるかもしれない。

太陽の色は何色だろうか？　人によって、いろいろな言い方をする。白？　赤？　透明？　橙？　日本人はおおむね、赤と答える。アメリカ人はおおむね、黄色と答える。でも、そのどちらも正しくない。物理的にいえば、さまざまな色を含む光である。

オーラは、そのような「ある種の光」の一種である。おわかりいただけたことと思う。さらに憑依霊のオーラは、残り滓《かす》のようなものであろう。生きている人間から噴き出るオーラとは違って、スモッグのように漂っている。こちらのほうは、生きたオーラと違って、光というよりは煙に近い。

鍼灸《しんきゅう》の針を打ってもらったことがある人はよく理解できると思うが、針の先から毒素が抜けるように感じて、すっと楽になることがある。漢方では、この現象を「邪気《じゃき》を抜く」という。鍼灸師は、邪気が抜けたことを針の振動で探れる。しかし正確に確認するには、白いスモッグが針の先から抜けていることを目で確認するのが正しい。目で確認できる鍼灸師は結構多いものである。日本国内では、鍼灸師全体の一割くらいいるのではないだろうか。

もちろん単純に邪気を抜ける病気はめったにないし、針というのは体の各部に気を入れたり、出したりする手法なので、目で確認できる人がよい鍼灸師と言い切るのは間違いである。私が言いたいのは、鍼灸師が目で確認する白いスモッグは憑依霊と同じものであるということである。

高橋信次によれば、憑依霊の存在がわかる程度では「見えた」ことにはならないという。その憑依霊が何であるかわからなければ、本物の霊視からはほど遠いそうである。

憑依霊を取り除く手法にはさまざまなものがあった。高橋信次は、ひとつひとつ実演しながら教えてくれた。

一般的なのは、天上界の如来や菩薩に光をあててくれるように「言葉」で依頼するものであった。つまり、

「天上界の諸如来、諸菩薩、この者に光を与えてください。さあ、安心して自分の帰るべきところに帰りなさい」

というものである。過半数の人はこれだけで憑依霊が取れるようだ。ほっとした顔つきになり、正気に戻る。

また、憑依霊に対して、すでに死亡していることを説明して成仏《じょうぶつ》するように説得すること

もあった。そのためにGLA独自の題目を上げてやることもあった。

題目を上げるのが一番うまかったのは高橋信次の一番弟子で、航空会社に勤めていた関芳郎さんという人だった。この題目というのがとても短くて、

「ほーれんげーさんがんじゅ」(法蓮華僧伽呪)

とだけを、ゆっくりと二、三回、朗々と唱えるのである。これは伝教大師(最澄)が中国で習ってきたお経で、「南無妙法蓮華経」と同じ意味だそうである。

八起ビルでのことだった。その日はフロアに会員がたくさんいたので、会員が急激に増えてきた昭和四十七(一九七二)年ごろだったと思う。関さんがこのお経を上げて婦人病の女性の憑依霊を成仏させていると、天井のほうから光のかたまりがふわっとやってきて、その婦人の腹部をおおい、もやのような憑依霊を引っ張っていくのが、私には見えた。

「信次先生、今のは何ですか」

と聞くと、

「ああ、あれは警察官ですよ」

「えっ、警察官?」

高橋信次という人は、まるで想像もつかないことをよく言い出す人だ。

「つまり天上界の警察官で、成仏するときに手伝いに来てくれるんですよ」

「それじゃあ梵天《ぼんてん》のような存在ですか?」

「そう、あなたは梵天という言葉を知らないと思ったので、警察官と言ったのだけど、仏教では梵天などの神の使いで、西洋では天使ともいいますね。この天使というのはそれぞれ役割を持って忙しく働いているのです。ついでに、あなたは音楽の勉強をしているので聞きますが、お寺でお経を上げるときに叩く鐘の意味を知ってますか」

「鐘の音はバイブレーションですから、この世とあの世をつなぐ合図ではないですか」

「ちょっと違いますね。鐘の音は魂を運ぶ波なのです」

「あっ、そうか」

宗教音楽の発生について、それまでの私はよく理解できなかったのだが、高橋信次のこの言葉は大きなヒントになった。お経も鐘の音と同じく魂を運ぶ波を兼ねることがある。つまり、関さんが上げていたようなお経は、憑依霊をあっちの世界に運んでいく乗り物になるとのことだ。

このときの高橋信次の教えは、その後の私の音楽活動にとても役立った。私が、最近雑誌に書いた、これに関するエピソードのひとつを掲載する。

「東芝ＥＭＩのスタジオで徹夜でミックス・ダウン（音のバランスの修正作業）をしていたのだが、複雑な音楽だったのでなかなかうまくいかない。すっかり夜が明けて、これでだめだったらあきらめようと思っていた時に、ふっとスタジオの天井あたりから天使の声のようなバイブレーションがはね返ってきた。エンジニアが『これでいいんでしょうか』と聞いた。『何か、今までと違う響きが聴こえてこないかい?』『いや、ぼくもさっきから気になっていたんです』。長時間にわたる作業の中で、様々な楽器の音の重なりが微妙なバランスを作り出して、理論上のハーモニーよりもずっと美しい響きを持ちはじめた。スタジオ内のメンバーはすっかり元気を取り戻して、一気に作品を完成させたのだった。その経験があってから、私は自分の作品がどうもすっきりしないとき、いじりまわすのをやめて、スタジオの空間や、コンサート会場の空間に響いているバイブレーションをじっと聴いてみることにしている」

(月刊『ハイゲンキ』92年5月号)

さて、憑依霊が強情で出ていかない場合は、その憑依霊の霊子線《れいしせん》を手もとにたぐりよせて、強い息で吹き飛ばすこともある。われわれには霊子線は見えない。つまり、はたから見れば大芝居にしか見えないような動作をくり返すのである。憑依霊の語っていることが支離滅裂な場合などは特に効果があるようだ。

こういう説明をすると読者のみなさんはとまどってしまうだろうが、あとからこの件を詳しく説明する。とにかく高橋信次はさまざまな技法で、憑依霊を取り除くということを行なっていたことをここでは知ってほしい。

さらに手から出るパワーによる治療ということも重視していた。最近は気功というのが流《は》行《や》っている。当時、高橋信次が使ったハンドパワーは気功とまったく同じものであった。病変部に手をかざしてもらって、病気が治ったと言っている人がGLAの中にたくさんいる。

中には「先生のおかげでガンが治りました」と言っている会員も何人かいるが、まあ、そうかもしれないなとは思うものの、私が直接確認したわけではない。そう主張している人もたくさんいるとだけ報告しておこう。

さて、キリストは生まれつき目が見えない人や、下半身麻痺の人を次々に治している。高橋信次はどうだったか？

私は残念ながら、そういった現場を目撃していない。高橋信次はどんな病気の人でも治すことができたと言っている人がいるが、それは眉にツバをつけて聞いたほうがいいと思う。

さらに私は、高橋信次が病気で死亡する会員に引導《いんどう》を渡すのを何度か目撃している。短い説教をして、先に話した題目を上げるのが彼の引導の渡し方だ。そして、死の淵からすくい上げるということは一切やらなかった。別な言い方をすれば、寿命というものを引き延ばすことをしなかったということか。

引導というのは「引いて導く」、つまり、死者をあの世に導く儀式のことである。正式に引導が行なわれると、人間の死体はおだやかな表情になり、死後硬直もやわらぐという。しかし正しい引導が渡されないと、死体は大変な状態になってしまう。

信心深い年寄りは、この引導渡しをとても大事に考えている。死んでからの身内に、棺おけの中で髪を逆立てて、恐怖に引きつったような顔をしていられたのでは、たまったものではない。そんな状態では、死んでからもつらい思いをしているに違いないと思うのが人情だ。仏教では「成仏する」といい、キリスト教では「天に召される」という。つまり両者ともに、正確に引導が渡された状態のことをいっているのであり、それができない聖職者は葬式を執り行なう資格がないのは当然である。

臨終の儀式には昔から不思議なものが多い。お坊さんが執り行なう儀式の数々も、はたから見ていて、さっぱり意味がわからない。各宗ごとに『引導作法』などの名前のついたお坊さん用の教科書が出版されているが、そこに書いてある漢文調のお経や、ダラニ、儀式作法など、いくら読んでも、どうしてそれらの儀式が臨終の際に必要なのかという意味がわからない。大部分のお坊さんたちは、意味がわからずにやっているようだ。

ところが、平安時代に書かれた源信《げんしん》の『往生要集《おうじょうようしゅう》』のほうはずっとわかりやすい。読者は学生時代に、この本は「浄土思想を説いた本」と日本史のテストに書いてマルをもらった記憶があるだろうが、この本は浄土思想を説くために書かれた本というよりは、死者を見送るためのハウ・トゥー本なのである。

たとえば、

「病人が正しく念じることをしないと、魔に取りつかれて発狂する。狂い死にすれば三つに分類される地獄に落ちる」

とか、

「引導を渡すときは、あの世をよく見て、聖衆（天使たち）が来訪しているかどうかを確認し、看病をする人に説明して書き取らせよ。もし病人が地獄を見たら念仏を上げて、病人の罪を消せ、消えるにつれてまた天使が現われはじめる」

「臨終のときは仏像以外のものを見てはならない。お経の声以外を聞いてはいけない。極楽（天国）に行くこと以外をしゃべらない」

など、この本に書かれているほとんどが引導の渡し方と、死者のその後についてである。こうしてみると、今日の仏教の引導作法にくらべて、平安時代のもののほうが具体的でわかりやすい。つまり、今遺《のこ》っている引導の儀式は、長い歴史の中で形骸《けいがい》化《か》した名残《なご》りだと考えたほうがいいのではないだろうか。

高橋信次は、『往生要集』に書かれているようなことを自在にやっていた。つまり、死に際の人に、あの世の親類や天使たちのことを話して聞かせていたのである。

長い歴史の中で、やり方がわからなくなっていた「引導渡し」を正統なかたちで復活させ、自在に行なっていたように私には見えた。

聖職者が何人か、彼のもとで指導を受けているのも見た。真言宗のお坊さんやカトリックのお坊さんたちも、その中にいたのである。私は当時は、死のことはあまり考えない若い世代だったので、高橋信次に対して、引導渡しの指導を求めなかった。残念である。

「『見えない、聞こえない』という状態でお葬式をやっている神父やお坊さんがたくさんいます。高いお金を払って戒名をつけてもらっても成仏できませんよ」

「見えない。聞こえない」というのは、あの世の霊や、あの世の世界を自分で知覚できない状態のことを指している。高橋信次は口ぐせのように、

「『見えない。聞こえない』という状態で霊をあつかうのは危険ですよ」

と言っていた。そういう注意を与えながら、彼は正しい成仏のさせ方も指導していたのである。

「きのうの○時ごろ、あなたのご主人が、あの世に旅立つというあいさつに見えたので、ちゃんとあの世に案内して差し上げましたよ」

高橋信次はそう言って、亡くなった人の死亡時刻を肉親に伝えることがよくあった。そう言われたほうは、死亡時刻を読み取れる高橋信次の能力に驚くとともに、亡き人が成仏したことを確認して安心したものである。

この引導を渡す能力は、現在のＧＬＡの教祖である娘、佳子《けいこ》も習得している。高橋信次から指導されたのか、それとも母親の一栄《かずえ》さんから指導されたのか知らないが、私の知り合いの死期に、佳子が引導渡しを正確にしたのを何度か目撃している。

「正確にした」というのは私の思い込みかもしれない。なにせ私は佳子とは口を利いたことがないのだから。ただし、佳子がキャッチする死亡時刻と、医者がカルテに書く死亡時刻は、

佳子がその場にいないにもかかわらず常に一致していた。たとえば、大阪の病院で真夜中に死亡した会員の死亡時刻を、東京にいる佳子が朝早くＧＬＡの事務局員に伝えている。また、佳子は会員への親書をしたためて、家族しか知らないはずの死者の死に際の様子を正確に書いている。

だから私は、佳子の「引導渡し」の能力は高橋信次と同じようなレベルに達していると思うのである。

高橋信次の死後、ＧＬＡを離れて教祖になった人々のほとんどが佳子の悪口を言っているが、そういった人々は、佳子が正確に引導を渡すという能力を持っていることを知っているのだろうか？

「見えない。聞こえない」という状態で佳子を批判しているこれらの人々は、死者に引導を渡すことができずに、成仏できない人を増やし続けているに違いない。

過去生の言葉を使って生まれ変わりを実証する

この本で一番あなたが読みたいのがこの項目だろう。

「自分の過去生《かこせい》を知りたい」と言って、チャネリングを受けるのが最近のブームになっている。旧宗教のほとんどは、過去生を一笑に付しているが、それに対する反動からか、逆に

「生まれ変わり」は若い人たちの興味の対象になっているようだ。

さて、生まれ変わりはあるのだろうか？

その前にアメリカの状況をちょっとだけ説明させていただきたい。

アメリカはキリスト教の信者がとても多い国である。カトリックやプロテスタントのいわゆる正統とされる教会は、「奇跡」や「生まれ変わり」を否定している。しかし、聖書に書いてあることをそのままに信じようとするファンダメンタリズム（原理主義）も根強い。

ジミー・カーター元大統領が、ファンダメンタリストであるというのは有名な話である。

アメリカ人は彼の政策を非難することはしたが、彼の信仰を非難することはしなかった。

西部劇の時代から国際貢献時代の現代に至るまで、アメリカ人は銃を持って戦うというのをやめていない。つまり、「死」というものが子供のころから、銃や軍隊を通して身近なものとして実感されている国なのである。

アメリカには二億五千万人が住んでいる。朝日新聞外報部の沢村亙《わたる》氏によれば、一九九三年現在、登録されているピストルと短銃の数は二億丁強である。年間二千人が銃の事故で死んでいるとのことである。つまり、ほとんどの家庭に二丁や三丁のピストルがある計算になる。自分の力で自分を守るために、相手にとっては死を意味する道具を保持している社会なのである。

そのせいだと思うが、アメリカでは「臨死体験」の本がたくさん出版されている。仏教国である日本よりも、人の死については思いのほか真剣に考えられているようだ。

「臨死体験」というのは、心臓が停まって「この人は死んだ」と医者から宣告されたのに、また生き返ってきた人が語る内容である。

一番有名な研究はレイモンド・ムーディのもので、日本では『かいまみた死後の世界』（中山義之訳・評論社）というタイトルで出版されている。この本はベストセラーになり、それに触発されて同じテーマの研究を追試する医者たちがアメリカ各地に出現した。

その内容のほとんどが、「死後の世界には川があって、向こう岸に亡くなったおじいちゃんやおばあちゃんがいた」とか、「すごく気持ちのいい景色の世界に呼ばれたが、帰ってこいという声が聞こえた」とか、「自分の死体を自分で見ながら空中を飛んでいた」というものである。

そして、眠る予言者と呼ばれたエドガー・ケイシーの本や、日本でもベストセラーになったハリウッド女優、シャーリー・マクレーンのシリーズをはじめとする、山のような「生まれ変わり」に関する本が出版されており、中には、「生まれ変わり」を実証するために学者たちが古文書を細かくひもといて立証しているものもある。

日本人が書いた臨死体験の調査書は少ないようだが、興味深いデータがある。昭和五十六年の五月に朝日新聞が行なった宗教意識の調査である。これは無作為に選んだ成年男女三千人のうち二千五百二十四人の回答を得た統計だという。

「人間の魂は死後も残るか」という設問に、六〇パーセントが「はい」と返事をしている。さらに三〇パーセントが「いいえ」、一〇パーセントが「わからない」としている。

霊魂を肯定する人が一番多い年齢層は二十から二十四歳で六八パーセント。一番少ないのが三十五から三十九歳で五五パーセント。六十歳以上になるとまた肯定派が増えて六二パーセントとなる。

こうしてみると、死後の魂を信じる人のほうが、信じない人よりも多いことがわかる。

しかし、私がこの本で主張したいのは、「超能力」とか「生まれ変わり」があるのかどうか？ という議論をむし返したいわけではなく、事実を「よく見よう」ということである。

私の知り合いの超常現象研究家の大田原治男さんは、超能力を信じない人を相手に「超能力というものは存在するのです」とテレビや雑誌で主張し続け、論争をいどんでいるが、エネルギーの空まわりのように思えてならない。

日本の場合、アメリカのように「超能力」や「生まれ変わり」が大部分の人に受け入れられている国ではないので、「あるかないか」という論争も必要なのかもしれない。しかし、こういった問題についての「あるかないか」論争はやめるべきである。論争自体が何も生み出さないからである。「あるかないか」と論争する時間があったら、見えない世界を科学したほうがよっぽど人類の役に立つのではないか？

さて日本の場合は、アメリカと違って仏教の信者が多い国である。輪廻転生《りんねてんしょう》は仏教の基本概念であるが、それは仏法書の中だけの話であり、死んでみなければわかるわけはないと思われてきた。

高橋信次は、この国の長い仏教の歴史の中で、私の知る限りでは、初めて輪廻転生を実証する試みに挑戦した人ではないだろうか。

彼は全国各地で講演活動を行なったが、過去生の記憶を呼び起こすというデモンストレーションを千数百回にわたって行なっている。

私が八起ビルを訪ねるようになる二年ほど前、つまり昭和四十三（一九六八）年に、高橋信次は自分の家族とともに、過去生をひもとくようになったという。

高橋信次が相手に向かって聞いたことのない言語で話しかけると、不思議なことに相手は、同じような聞いたことのない言語を話しはじめる。マスコミ用語では、この過去生の言葉を異言《いげん》と呼んでいる。

私が初めてこの過去生の言葉を聞いたのは、八起ビルを二回目に訪ねたときだった。昭和四十五年の五月である。その日は高橋信次の正法《しょうぼう》（釈迦の正しい教え）の解説があり、そのあとで高橋信次の実弟の高橋興和《こうわ》さんと、さらに高橋武さんという人が過去生の言葉で話し出した。

高橋信次の解説は実に熱のこもったもので、人をぐいぐいと引っぱっていく魅力があった。難しい哲学の概念などを使わずに、心のありようをわかりやすく説いた。それだけではなく、宗教家一般が回答を避けたがる内容についてもはっきりと答えた。理屈っぽかった私が疑問を持つ間もなく、すんなりと納得してしまうのである。

「こうして、心というものが開かれると、今まで心の中に眠っていた意識が目覚めて、過去生をひもとくことができるのです」

そう言って、高橋興和さんを聴衆の前に座らせた。

「この人は、心が調和されて、過去のことを、まるで昨日のことのように思い出したのです。それでは実証してもらいましょう」

高橋信次は、興和さんに向かって不思議な言語で話しかけた。そうすると興和さんも、同じような言葉で語りはじめた。あとで聞いたところ、この不思議な言語は古代コーサラ語だという。釈迦が使っていた言語である。兄の声と違って、ややハスキーな優しい声であった。

「この人は、釈迦の時代にクナンダという名前で仏教を修行していました。当時のことを今こうして思い出して話しているのです。この人はのちに、キリストの時代にパウロとして生まれ、さらに日本でも鎌倉時代に親鸞という名前で生まれ、魂の修行をしてきたのです」

私は、エドガー・ケイシーの輪廻転生の本などをはじめ、アメリカの生まれ変わりの文献をいくらか読みあさってはいたものの、目前のこの現象だけで納得するのは無理だった。しかも、この人はパウロや親鸞などの有名人だったという。生まれ変わりというのは、有名人ばかりなのか。

「眠れる予言者」と呼ばれるエドガー・ケイシーの場合は、現在の自分と過去生の関係について実に細かく述べている。さまざまな病気が過去生とどういう関係にあるか、どうしたら治療できるかを述べた。あるいは性格上の欠陥や、金銭的な不幸と過去生との関係を述べ、どうしたら改善できるかというきめの細かいアドバイスを与え、何万人ものアメリカ人を助けている。さらに、ケイシーが残した膨大な記録は、ケイシー財団によって保管されており、必要に応じていつでも役に立てることができる。

高橋信次は、現生と過去生の関係についてどの程度答えてくれるのだろうか。私は興味を持って見守った。

今度は、高橋武さんが過去生の言葉で話しはじめた。昔の中国の言葉だという。

たしかに高橋武さんの言葉は中国語のように聞こえた。ただし、中国には、北京語、上海語、広東語、福建語、海南語などたくさんの言語があって、お互いに通じない。しかも高橋武さんの言葉は八世紀の中国語だという。

私は北京語の簡単な会話ができる。難しい会話はだめだが、中国を旅行してタクシーに乗ったり、買い物をしたり、ホテルに泊ったりという程度ならさして不便は感じない。

さて、高橋武さんの単語はまったくキャッチすることができなかったが、印象に残ったのは〝SHI〟と現代中国語で表記される巻き舌音である。中国語を学習する上で最も苦労するのが、この巻き舌音なのだが、高橋武さんは実に正確に発音していた。また「〜の」にあたる言葉が頻繁に出るのも中国語の特徴で、あいまい音で〝DA〟と発音するこの「〜の」の発音も正確だった。

果たして本物の中国語だったのだろうか？

高橋信次は、中国語で語る彼のかたわらで、

「この人は八世紀に中国で生まれ、五台山《ウータイシャン》というところで密教を勉強しました。今、こうして心を開くことによって過去生の記憶が呼び戻され、みなさんに正法を伝えているのです」

と解説する。

「では、日本語で話していただきます。はい、心を落ち着けて、『リヤー・リヤー・パラレ・プリシポ・サプスティアー』」

高橋武さんは外国訛りのゆっくりした日本語で、しゃべりはじめた。自分が密教を勉強したこと、そこで心の大事さを知ったことなどがその内容だった。

こうなると、自分でもこの過去生の言葉をしゃべって、その内容がどんなものか知ってみたくなった。

「信次先生、私も過去生の言葉をしゃべりたいのですが」

初めて彼を訪ねてから二、三か月後、昭和四十五年の夏だった。その日、高橋信次は開襟シャツを着て、しきりに汗を拭きながら、私を含めて数人の人々に話していた。めったにネクタイを締めない人だった。

「あなたは、心が変形しているから大丈夫かな？　そこに座ってみて」

高橋信次が心が調和されている人を見ると、その心が丸く相手の体の前に浮いて見えるのだそうだ。立体画のように浮かんで見えて、相手の心がどういうふうにゆがんでいるかがわかるのだという。私は権力や権威に噛みつく性格を持っているので、心がちゃんとした円形を描いていなくて、あちこちギザギザになっているそうである。だから、よく心を見つめる練習をするようにと、以前から注意されていた。

「やあ、だいぶ丸くなってきたね。じゃあ心を落ち着けて」

高橋信次は、手をかざしながら例の不思議な言葉で私に語りかけた。そうすると、すぐに私の口から不思議な言葉が出はじめた。胸の中にたまっていた言葉がひとりでに出ていくという感じだった。高橋信次が何かをしゃべった。名前を聞かれたような気がした。そうすると私は、

「なふあ、いくまぬくまくいとそまあす」

と話し出した。私の頭の中で、ぼんやりとその意味が理解できた。つまり、

「私は、いこまのくまき、とそ申すものです」

という意味だと、ぼんやりと思った。そのまま口が勝手に動きながら、頭のどこかで、断片的に意味を探っている。どうも古代日本語をしゃべっているみたいだなと自分では思っていた。しかし、これは日本語ではない言語だとあとから言われた。

そのうちに、「きわわか」という単語と「いよー」という単語が何度も出はじめた。何となく日本語と似ているなと自分では思いながら、その言葉をしゃべり続けている。

高橋信次は、

「すごい。『きわわか』が出てきたぜ。おい、興和、『きわわか』が出た」

と、弟の興和さんに興奮して語りかけた。興和さんは、そばにやってきてじっと私の話に耳を傾けているが、意味がわからないらしく、首をかしげて兄の言葉を待っている。

私の脳裏に明るい太陽のようなものが映りはじめた。そして両手を上げて、大声で、

「いよー、いよー」

と言いはじめた。

何が起きたのだろう?

高橋信次は、ハンカチで汗を拭きながら、

「ムー大陸の言葉ですよ。キワワカ語が出るなんてめずらしい」

と言った。

「えっ」

あまりにも奇想天外なので、私は一瞬頭の中が真っ白になった。高橋武さんのような中国語でも出てきたらおもしろかったのだが、ムー大陸の言葉なんて、うそか本当か調べようがないじゃないか。だいたいにして、アトランティス大陸については、その実在の証拠がいく

つか挙がっているものの、ムー大陸なんて、まだ伝説の域を出ていない。

高橋信次は、ムー大陸について説明しはじめた。キワワカというのは、ムー大陸の北側にあった一番大きな国で、イヨーというのは、当時信仰されていた太陽神の名前だという。ムー大陸の人間はイヨーに対する信仰が篤く、心が激するとイヨーを唱えることが日常だったという。キワワカ語をしゃべり出す人はめったにいないそうである。

高橋信次は、もう一度私に手をかざして、

「キワワカの歌をうたってごらんなさい」

と言った。おもしろいことを言うなと思いながら、体を楽にして、口から歌が出るのを待った。そうすると、日本の民謡とスイスのヨーデルを合わせたような不思議なメロディーを歌いはじめた。

こ、こりゃなんだ！ 今までまったく聞いたことのない、想像のつかないメロディーだった。ヨーデルと同じ裏声が出てきて、地声と裏声の間をポルタメント（音がスライドするように動くこと）でつないでいる。それは、とてもゆったりしたメロディーだった。

私は作曲の仕事をしているので、いろいろな国の音楽を勉強しなければならなかった。西洋音楽やジャズなどは、かなり理論づけられているが、アジア、アフリカ、アメリカなどの伝統音楽となると、さまざまなものがあって、その体系を把握するのはとても難しい。さらに録音技術というものは昭和に入ってから確立したものだから、昔の音楽を知るためには、文献や楽器の復元をもとに想像していくしかない。ムー大陸時代の音楽なんて、知るための手がかりはまったくないのである。

その場で私の歌を聞いていた友人が、のちにそのことを音楽評論家の三橋一夫さんに話した。三橋さんから「ぜひ聞きたい」という電話がかかってきたのだが、会えないままになってしまった。あのとき、録音しておけばよかった。高橋信次亡き今となっては、またできるかどうかわからない。

「あなたが今生《こんじょう》で音楽をやっているのは、キワワカ時代の記憶と関係があるのです」

高橋信次はそう説明した。

その後、私は高橋信次の講演会で、別な言語もしゃべるようになった。そのいきさつは別の章で語る。

他人の夢をコントロールする

超能力といわれる現象の大部分は、手品や催眠術を使ってまねることができる。テレビや雑誌で「〇〇の超能力はトリックだった」などという企画がよく行なわれているが、超能力を使って、人をたぶらかす宗教者にお灸をすえる意味では、こういう企画はいいことだと思う。

しかし高橋信次の場合は、スプーン曲げなどの、人間の向上にとってまったく意味のない超能力とは無縁だった。もちろん、スプーン曲げを科学的に研究すれば役に立つかもしれない。しかし、それをせずにひまつぶしでやっている人が大部分だからだ。

ともかく、高橋信次はトリックでは絶対に行なえない超能力を持っていた。さらに、それらの能力を他人の自己実現のために助力することに考慮をはらっていた。テレビに出て有名になりたいとか、お金を儲けたいとかの願望は、本人にはまったくなかった。

また、睡眠中の他人に夢を送り込み、それを読み取るという能力を高橋信次は持っていた。高橋信次の持っていた超能力の中では、きわだった特筆すべきものである。

高橋信次の講演会によく顔を出す、五十歳をちょっと越えたお坊さんがいた。GLAは昭和四十五年の末ごろから組織を作りはじめており、高橋信次のもとで修行中の人々が講師として、教化活動を行なっていた。しかし、このお坊さんはいつも高橋信次と一緒にいたが、GLAの講師ではないという特殊な存在だった。

聞くと、高橋信次の弟子だという。東京・新宿区の高田馬場駅から歩いて十分ほどの小滝《おたき》橋《ばし》にある、観音寺の住職をしている村上宥快《ゆうかい》さんという人で、真言宗豊山《ぶざん》派の僧侶だという。

「高橋先生はお釈迦さまの生まれ変わりですよ」

と、このお坊さんは不思議なことを言う。仏法をちゃんと説ける人は高橋信次しかいないので、修行をしに来ているのだという。高橋信次＝釈迦説を最初に言い出したのは、この人である。

先ほどの『生長の家』といい、この『真言宗』といい、GLAにはさまざまな団体に所属する宗教家が教えを請いに集まっていた。この観音寺には何度か遊びに行ったことがあるが、高田馬場付近では一番大きな立派なお寺である。村上宥快さんにあとから本山での位《くらい》を聞いてみると、権大僧正《ごんのだいそうじょう》だという。真言宗の位がどうなっているのかはよく知らないが、トップクラスの僧侶が、真実を求めて高橋信次のもとに通っていたことを知って驚いた。

このお坊さんは、特にていねいに高橋信次からの指導を受けていた。年齢のせいか、私たち二十代の人間なら難なく回答できるようなこともわからずに苦労している。たとえば、お金や地位、名誉よりも宇宙のしくみのほうが大事だなどという話が出ても、なかなか自分のこととして腑に落ちないようだった。

高橋信次と村上さんが、葬式のやり方の話をしていた。村上さんは、少しずつ寺のやり方を変えようとしていたようだ。

「つまり真言宗のやり方をやめて、簡素な葬式をやるんですか？」

と高橋信次。

「いや、それは無理です。もちろん葬式仏教に堕落している仏教を立て直すことが大事ですが、宗派と違う葬式をやろうといっても、檀家は認めません」

「はだかで生まれてきた人が、はだかで土に返るんですから、お金はあまりかからないはずですよね」

「たしかに先生のおっしゃる通りですが、お寺の経営も大事です」

講演会のあとで休憩をしながら、高橋信次は村上宥快さんとこんなふうな話をしていた。私たち若者も、何度か会話に加わったことがある。

村上さんとそんな問答をしたあと、高橋信次は私たち若者に意見を求めた。他人に意見を求めることはめったにない人だったが、ごくたまに若い人だけには、どう思うかと聞くことがあった。彼から質問されると、テストを受けているような気分になって緊張してしまったものだ。

「空海は四十五歳のときに『乾坤《けんこん》は万巻の典籍なり』(宇宙は、それ自体が真理の図書館である)と悟っていますから、宇宙葬のような形が空海の理想なんじゃないですか。まあ、戒名《かいみょう》というのは変な風習ですね」

と私は答えた。高橋信次が村上さんに聞いた。

「どう思いますか」

「いや、たしかに弘法大師《こうぼうだいし》(空海のこと)はそうおっしゃっていますが、それは、宇宙そのものが仏法だという意味でして、葬式のことは言っていませんな」

と村上さん。

「でも、宇宙それ自体が図書館なんですから、図書館には葬式のやり方の本もあるでしょう？　空海はどこかでそれを示唆しているんじゃないですか」

と私。

高橋信次はタバコをくゆらせながら、私たちの会話を聞いて楽しんでいる。

今考えると私は若かっただけに、この年配のお坊さんにかなり生意気な口を利いていたようだ。でも村上さんは高橋信次の教えをよく守って、若者の意見を無視することはしなかった。つまり、

「若い者が年上の者を指導するようになる」

と、高橋信次がよく言っていたからだ。

ある日、村上さんが高橋信次の前でしきりに頭を掻いていた。

「いやあ、また失敗してしまいました」

よくよく聞いてみると、「夢テスト」というのに失敗して、頭を掻いていたのである。このテストはきわめてプライベートなものなので、どういった失敗をしたかの内容までは聞けなかったが、

「何度も失敗するんです」

と、恥ずかしそうに頭を掻いておられた。

あとから、観音寺の檀徒の人に聞いたのだが、当時の観音寺の総代は村上住職の追い出しを図っていたそうで、葬式にヤクザ者を送り込んで、式の邪魔をしたりするなどのいやがら

せが続いていたそうである。さらに一部の檀徒の人たちは、村上さんのことを「メカケを囲った生ぐさ坊主」と誹謗していた。

話を半分に割り引いても、当時の観音寺はとても荒れていて、当然、村上宥快さんの心の中も大変な状態だったろう。

そんな状態を克服しようと思って本山に相談したところで、何も解決できないことを村上さんは重々知っていたのだろう。十歳以上も年下の高橋信次と知り合い、「先生」と呼んで弟子になったのだから、正直なお坊さんだと思う。

さて、村上さんが何度も失敗していた「夢テスト」というのは、高橋信次がその人の心の修行段階に応じて、寝ているときに夢を送り、それをどの程度解決できるかを判断するというものであった。読者のみなさんにとってはにわかに信じられないことであろうが。

高橋信次は、相手の夢の内容を完全に把握しており、

「あのとき、誰も見てないなと思ったのでしょう。でも、自分の心が見ているということを忘れてしまっていましたね」

などというコメントをしていた。

単純なものでは、道路に財布を落としておいて、それをどうするかという「夢テスト」などもあったが、大部分は複雑な夢で、夢を送られた側の人間は、その落とし穴に気づかないようなものが多かった。

「夢テスト」を受けたと白状する人はよくいたのだが、当人にとっては、とても恥ずかしい内容なので、「財布が落ちていた」という程度の、人に話してもかまわないような夢を除いては、どういう夢だったかを語ろうとする人はほとんどいなかった。

高橋信次は夢を他人に送り込んで、それをじっと見ているわけだから、すべての人をテストするということは不可能だった。このテストは特別な修行の必要な人か、十代、二十代の若い人にしか行なわれなかったようだ。

どうも筆が進まないのだが、私が受けた「夢テスト」の内容を正直に書いてみよう。

ＧＬＡの活動が活発になって、高橋信次が大阪や九州にしきりに講演に行くようになったころのことだ。昭和四十六年の秋だと記憶する。所用で大阪に行ったところ、「高橋信次講演会」というポスターを見つけた。ひと月ほど会っていなかったので、ちょっとあいさつだけでもと思って森ノ宮の会場に出かけた。

それは、『瑞法会』という宗教団体が主催している講演会だった。

「ちょっとあいさつに寄ったので、会場に入れてください」

と言ったところ、

「身分のはっきりしない者を会場に入れるわけにはいきまへん」

という受付の男性の答え。

「信次先生の知り合いです」

と言うと、

「高橋先生のお名前を気やすく呼ぶなんて、けったいな人やなあ」

と言って、ますます入れてくれない。

しかたがないので会場の窓からのぞき込むと、高橋信次は講演の真っ最中だった。話にひとくぎりついたころ合いを見計らって、

「信次先生！」

と叫んで、手を振ると、

「おうっ」

と言って、会場に入ってくるように手招きをした。そして聴衆に向かって、ちょうどタイミングがよかったとばかりに、

「それでは、心が調和されて霊道が開くとどうなるか、実験をしてみましょう」

と言った。

頑として私を会場に入れなかった受付の男たちが、急に表情を変えて、

「先生が……呼んではりますので」

と私を案内する。『瑞法会』には、まだ過去生の言葉をしゃべる人が少なかったので、私が顔を出したのはちょうどいいタイミングだったらしい。

へそ曲がりの私も、このときは中に入れたのがうれしくて、高橋信次の指示のままに過去

生の言葉をたっぷりしゃべって、大阪の聴衆に大サービスをした。

講演が済むと、高橋信次の奥さんの一栄《かずえ》さんや観音寺のお坊さん、ＧＬＡの東京の講師たちが控室に集まった。私がわざわざ東京からデモンストレーションの手伝いにやってきたと思ったのか、『瑞法会』の人が私にも弁当を食べろという。講師たちが何しに来たという顔で私をじろっと見ているので、箸をつけるのがためらわれた。しかし一栄さんが、「召しあがりなさい」というので、遠慮なくぱくついた。

当時の講師たちには、すでに「自分こそ高橋信次に選ばれた指導者である」という自意識が働きはじめており、彼らの表情には「指導者づら」が浮かびはじめていた。だから、急に闖入《ちんにゅう》する人間がいると、嫌悪感を露骨に表情に出していた。

高橋信次は、私の突然の登場を喜んで、

「あなたが来てくれてよかったよ。ところで、あなたにもそのうち『夢テスト』をしてもらうよ」

と言った。いつ、その「夢テスト」があるのかなと思ったが、一週間経っても二週間経っても夢は見なかった。そのうち「夢テスト」のことを忘れていた。

しかし、ある晩、抜き打ちの「夢テスト」があって、その「夢テスト」にもののみごとに失敗したのである。

実にリアルな夢だった。

タイ国の寺院の中で、私は三人の女性の踊りを見ていた。ふたりがビルマ女性で、リーダーはクメール女性だった。ビルマのふたりは日本人と同じような肌の色の美人だったが、クメール女性は緑がかった濃い褐色の肌をしていた。深い湖のような黒い瞳の大きな目をしており、鼻のかっこうといい、口元といい、あらゆる面で理想的な顔をしていた。ビルマ女性のふたりに比べて小柄であったが、とても美しい体つきで、乳房の張りも理想的だった。

金やルビーやエメラルドの首飾りや腕輪が、三人の中ではひときわ目立っており、指をくねくねと動かす動作もとびきり美しかった。

三人の踊りは、仏教説話だった。釈迦の父親の命を受けた踊り子たちが釈迦に翻意をせまるストーリーである。踊りをまったく知らない私が、その踊りの内容を全部理解しているのが不思議だった。

踊りが終わると、そのクメール女性は、私の左手を取って、隣の部屋にさそった。ビルマの女性たちが「行くな」と言って、ふたりで私の右手をとったのだが、私はクメール女性についていきたかった。

隣の部屋には天蓋つきのベッドがあって、私たちはそのベッドの上で抱擁し合った。クメール女性は、

「あなたの本当の気持ちに素直になればいいのよ。一番自然であることが人間らしいことなのよ。私を好き？」

と言って、私に口づけをした。中学生のころ、初恋をした女の子とした生まれて初めての口づけよりももっと甘い口づけだった。

私は、彼女の衣装を静かに脱がせた。彼女も私の全身を愛撫しながら、私のシャツとズボンを脱がせていく。あんなに美しい乳房を見たのは初めてだった。その乳房をそっとなでると、彼女の体全体から、今まで嗅いだことのない匂いが湧き立ってきた。バラの花の香りとジャコウの香りを混ぜたような、生まれて初めての匂いだった。その匂いの中で、彼女は私の男性を、羽でなでるようにソフトに愛撫した。

そして、私の耳たぶを軽く噛みながら、

「素晴らしいわ、一緒に気持ちよくなりましょう」

その言葉に触発された私は、クメール女性の中に静かに入り、歓喜し続けた。セックスをしている彼女の肢体は、どんなポルノ映画もかなわないほど官能的だった。

「あっ、夢だ。テストだ」

と思ったときは、もう遅かった。

その後、高橋信次を訪ね、

「失敗しました」

と言った。

「どうして？」

「いや、彼女とやってしまいました」

「あなたは若いんだから、オチンチンが立つのが当然でしょ。どうして失敗なの？」

「いえ、あまりにも美人だったので、つい」

「あれだけ誘惑されれば、当然でしょう。無理に抑えたら、かえって不自然ですよ」

「じゃあ、あれでいいんですか？」

「いや、いけない」

「よくわかりません。教えてください」

「あの女性とセックスする前に、どうして、今あなたにとって大事な女性のことを考えなかったのですか？」

私はガーンと頭を殴られたような気がした。てっきり、自分が煩悩をどれだけ抑えられるかというテストをされたのだと思っていたのだが、それは違っていた。今つき合っている女性のことが頭から消えてしまうという、とんでもない理性の欠如を露呈したのだ。

高橋信次の「夢テスト」はストイックさを求めるものだと思っていたが、人間がちゃんと持たなければならない知性、理性、悟性、本能のバランスを正確に求めるという難しいものだった。そして、そのテストのテーマは、テストを受けた本人にしか理解できない複雑なものなのである。

私の場合、若かったので性的な煩悩が強かったからこのような「夢テスト」だったのだろうが、他の人たちに対しては経済的なものや、人間関係の「夢テスト」が多かったようだ。もちろん先に述べたような理由で、その内容の詳細を話す人はいなかったが、テストを受けた人たちが口をそろえて「テストに失敗しましてねえ」と素直に認めていたのは事実である。

金粉事件と自分の死の予言

高橋信次を語るとき、よく取りざたされるのが金粉事件である。つまり彼の体から金粉が発生し、数多くの会員がその瞬間を目撃しているということである。

私は、体から金粉が発生する意味について一度だけ高橋信次に聞いたことがあるが、その答えは要領を得ないものであった。高橋信次は、どんな質問にでもはっきりと答える人だった。要領を得ない答えをするということはめったになかった。

私は金粉事件が持つ意味については、さっぱりわからない。

「高橋信次先生のお体から金粉が出たということは、先生がお釈迦さまの生まれ変わりであることを証明しています」

と語る会員がたくさんいたのだが、どうしてそれが釈迦の生まれ変わりであることの証明なのだろう。物理的な法則に合わない奇跡が、釈迦の生まれ変わりであることの証明だなんて、こじつけもはなはだしい。

とにかく私には意味のわからない現象であった。

高橋信次の体からよく金粉が出るようになったのは昭和四十六年ごろからだった。

岩手県の盛岡市で花屋を経営している人がとても熱心で、高橋信次をよく地元に招いて講演会を開いていた。そこでの何回目かの講演会が、金粉現象が起きた最初だった。

「先生のお体から金粉が出ているのですが、どういう意味なのでしょう」

中年の女性が、興奮しながら話している。高橋信次はよく汗を拭く人だった。その汗とともに体からキラキラ光るものが出てきたそうである。近寄って手に取ると、金粉だった。その女性はハンカチの上に取ってきた金粉を、まわりの人に見せている。

「あ、本当だ」

とても薄くて、オモテもウラも完全な金色の箔が数十個、彼女のハンカチの上に乗っている。最近、金粉入りの日本酒が発売されているが、あの金粉とそっくりである。

休憩中の高橋信次の部屋に行ってみた。高橋信次は、何人かと一緒に天丼を食べていた。高橋信次は、あまり美食をしなかったようだ。かといって粗食家でもなかった。昼食は、ごくありきたりの安い店屋物や、弁当などで済ませていた。

「先生の体から金粉が出ているそうですが」

「うん、金粉みたいなのが出てきているね」

そう言って、自分のくちびるに引っかかっていた大きめの金粉を天丼のふたの上に乗せた。

「でも、金粉じゃ、おなかの足しにならないね」

「どういう意味なんですか?」

「物質化現象というやつで、意識が物質を作り出すことを、神が証明しようとしているのでしょう」

「先生が自分の意思で作り出しているんですか」

「いや、自分で作ろうとはしていないけど、勝手に出てくるんだよ」

本人は、この金粉現象が発生するしくみは知っていたようだ。つまり、人体の中には元素を変化させる力が隠されているというのが、ふだんの高橋信次の主張だったからである。しかし、現象が起きる理由は知らなかったようだ。「勝手に出てくる」と言うだけで、それ以上のコメントをしようとしなかった。

金粉現象はその後、頻繁に起きるようになった。

「静岡の講演会で、五十グラムの大きさの金の塊が先生のお口から出てきて、〇〇さんが仏壇に飾って拝《おが》んでいる」

などという噂が広がるようになった。

昭和四十七年秋、八起ビルでの講演会の金粉現象が、私が見たうちでは最もハデだったようだ。高橋信次のまわりの空中から金粉がたくさん出てきて、前のほうに座っていた人たち二十人ほどの頭の上にキラキラと降り注いだのである。

高橋信次はよく汗をかき、その汗を拭くと、それがよく金粉になった。聴衆は上の空で、そのハンカチをじっと見つめることが多くなった。

「金粉が出るということは、高橋先生はお釈迦さまの生まれ変わりだという証拠です」

などと、得々と語る人間が増えはじめた。

高橋信次は講演会で、この金粉現象に対してはまったくコメントしなかった。しかし、この現象は高橋信次を神秘化する動きにひと役買っていたようである。

さて、人体から金粉が出る現象は、高橋信次だけのものではない。私が直接知っている人でも、高橋信次以外に金粉の出る人は三人いる。三人とも心霊治療を行なっている人である。その中のひとり、Nさんという女性は、心霊治療がうまくいくと手のひらの真ん中に金粉が付着する。

「神さまのごほうびよ」

と彼女は語るが、私は「ごほうび」ではなく、体内の原子力発電所が作動した結果だと思う。つまり、原子力発電所はウラン（原子番号92）という金属を、プルトニウム（原子番号94）というまったく違う金属に作り換える設備なのである。体内に原子力発電所があるということに関しては、少年時代の私がさまざまな文献で読んだことなので、出典を記憶していない。そのうちのわかりやすい例をひとつだけ紹介させていただきたい。

にわとりが卵を産むためにはカルシウムを摂取する必要がある。ある学者が厳重な管理をして、にわとりの餌からカルシウムを取り除いた。当然、ふやふやの卵が産まれた。

この学者は、にわとりがふやふやの卵を産むようになったことを確認すると、雲母を与えはじめた。にわとりは、むさぼるように雲母をかじった。そして数日後から固い殻を持つ卵を産むようになった。これが事実だとすれば、にわとりはシリコンをカルシウムに変換したことになる。つまり体内に原子力発電所があるということになる。

したがって、人体の中にあるさまざまな元素、つまり亜鉛やカルシウムが金（Au）になるということも、奇想天外ではなくなる。

原子力利用を考え出したのは人類の叡智ということになっているが、どうもこの叡智というのはおそまつなようだ。正しくコントロールできずに、スリーマイルやチェルノブイリの事故に代表されるような失敗をしでかしている。

いくらお金をかけても、にわとり一羽が持っている原子力発電所にはかなわないのではないかと、私は思う。

にわとりにできることを人間ができても、少しも不思議ではない。金粉が出る本人は騒いでいないのに、まわりの人は狂喜したのである。

金粉現象が起きはじめたころから、高橋信次は、

「もう、時間がありません。私には六年しか残されていません」

と言うようになった。

会員たちは、いぶかしんだ。

高橋信次は、昭和四十三（一九六八）年ごろから、自分の寿命は四十八歳であると予言している。生前、彼に接触したことのある人は、直接間接にそれを聞いていた。

高橋信次は中肉中背で、ふっくらとした顔をしていた。体格はどちらかというと立派なほうだが、中年太りという感じではなく、ふくよかだった。

それが、死の数か月前から、ほおがこけて、げっそりした顔になっている。

昭和五十一（一九七六）年六月の山形での研修会が、高橋信次が公に人前に姿を見せた最後であった。私は、その研修会に参加しなかったのだが、私の友人が十人ほど参加していた。

そのひとりであった山形県在住の安喰洋一《あじきよういち》さんは、

「げっそり痩せでしまって、見でらんねがったズ」

と、当時の高橋信次を回想している。

高橋信次は、山形の研修会のあと八起ビルの自室で寝たきりになった。そして、その予言通り、昭和五十一年六月二十五日、四十八歳で死去した。死因は発表されていないが、立ち会った人たちは、一様に「衰弱死」と語っている。

〔第二章〕

私と高橋信次との出会い

高橋信次を訪ねた日

この章では、なぜ私が高橋信次に出会うことになったのかというバックグラウンドについて語る。当時の高橋信次を訪ねてきた人々は、高橋信次よりも年齢が高い人が多かった。むしろ私のような二十代というのは少数派だった。しかし、二十代の人間が高橋信次を訪ねていくことになるための共通の時代背景というものが、そのころにはあった。ここでは、そのことを中心に述べてみたい。

高橋信次を知ったいきさつはこうである。

高木謹介さんという友人がいた。新潟出身の人である。昭和四十四（一九六九）年、当時大学生だった彼は「超科学研究会」という団体を作り、さまざまな超常現象を研究していた。彼は物理学科の学生だったが、経済学の勉強を真剣にしていたように記憶する。当時のマルクス主義経済学に対する不満が、未知の科学追究への欲求をもたらしたのだと思う。私は彼のアドバイザー的な立場で、彼が情報収集をするのを手伝っていた。

ある日、念力で物を動かせると主張する人を連れてきて、自分の部屋で実験をするから見に来ないかと言う。

その男は天井から石ころをひもでつるして、じっとにらんでいた。眼の力で石を動かすのだという。ところが、いつまで経っても動かない。その男は一時間ほど石をにらんでいたが、

「今日は、調子が出ません」と言って帰っていった。

私はすごく怒って、

「どうして、こんなくだらない実験をするんだよ。第一、石ころが動いたとしても、それが自分たちの人生といったいどういう関係があるんだよ」

と言った。高木さんは反省しながら、

「いや、なかなか納得のいく現象がないもんで」

と頭を掻いた。高木さんは、古典的なニュートン力学では説明できない現象を探していたのだが、実験の対象に耐えるものがなかなか見つからなかったようだ。

「『山岡生体感応』なんかだったら研究に値すると思うけどな」

と私。

これは、京都に住む山岡さんという女性が持っている特殊能力である。以前、ＩＢＣテレビ（岩手放送）で観て驚いたのだが、遠隔地にいる人が山岡さんに電話をすると、その声を聞いただけで、黒板に描かれた人体図に病変部を記入していく。

「この人は、胃の下部に潰瘍があって、右足の骨がこうなっていて、歩くのが大変です」

などと、レントゲン写真よりも正確に病変部を指摘していく。

私は言った。

「山岡さんに会ってみたらどうだろう」

高木さんはある日、

「全国をまわってみて、山岡さんのような超能力者を探して歩く」

と言い残して旅立っていった。

ひと月経って、彼は元気な顔を見せた。

「いや、心が晴れ晴れとしましたよ。一番すごかったのが高橋信次という人でした」

彼は、高橋信次が書いた本を十冊ほどカバンから取り出した。

「初めてぼくに会ったのに、『あなたの研究は頭でっかちで、人生の役に立たない。心を磨くことが大事です』と、ぼくのやっていることを知っていたのには驚いたなあ。しかも、ぼくが自分の名前を言う前に、『あなたは高木謹介君だね。訪ねてくることは知っていたよ』と言ったのには驚きましたよ」

彼が取り出した『大自然の波動と生命』『縁生《えんしょう》の舟』などという不思議なタイトルの本を見ながら、私は日本にも本物の超能力者がいたんだと驚いた。

人間は他人の頭の中をのぞくことはできないはずだ。ところが高橋信次は違うようだ。初めて会った人の名前や、考えを指摘することができる人が本当にいるのだろうか。私は、

「近いうちにこの人に会いに行かなければならない」

と思いはじめた。

高木さんを通して初めて高橋信次の名前を知ったのは、昭和四十四（一九六九）年の八月だった。そして翌年の五月に、初めて浅草の八起ビルを訪ねることになる。

昭和四十四年の七月から、私は後述する「宇宙体操」というものを勉強していた。だが、この宇宙体操から派生したさまざまな問題を自力で解決できずに、高橋信次に相談を持ち込むような形で、彼のもとを訪ねることになったのだ。

八起ビルは浅草通りに面した大きな建物だった。医者と歯医者がテナントとして入っていた。高橋信次の活動の拠点だった。この建物の五階が本人の住居兼書斎であり、三階が集会所と事務所になっていた。

四十代の若さでこの七階建てのビルを所有していたのだから、実業家としての能力も一流であったと思われる。

地下鉄の浅草駅の真上にあるこのビルは、建坪五百坪ほどであろうか。近所の公共施設である浅草郵便局や浅草電話局と同じくらいの大きさの、どっしりとした建物である。今、取得しようと思ったら百億円を支払っても無理であろう。

のちにわかったのだが、このビルを建てた当初の目的は、観光地である浅草の地の利を活かして、サウナ風呂や超音波風呂などが入った健康ランドを作ることだった。ところが建設の最中に、高橋信次の周辺に霊道現象が起こった。電気製品会社の経営とビル建設のふたつの仕事が重なって忙しい最中であった。

次章で成り行きを説明するが、高橋信次に、

「三日以内に悟れ」

という啓示が与えられ、建設中のこのビルを急遽《きゅうきょ》、「心の道場」にしようということになり、サウナの客の休憩室になるはずだった場所が集会所になってしまったそうだ。

「体を洗うお風呂のはずが、心を洗う道場になってしまいましたよ」

高橋信次は、来る人来る人にそう言っていた。

私は電話でのアポイントメントを取らずに、直接、八起ビルを訪ねた。

「高橋信次さんにお会いしたいのですが」

当時の八起ビルの入り口には、たしか『神理研究会』というような看板が出ていた。GLAという名前はまだ使われていなかったのである。

出てきた男性は私をすぐ中に導いて、

「今、先生に聞いてきます」

と言った。

高橋信次はすぐに、

「やあ、やあ」

と言いながら現われた。私を知っているふうである。

「昨年、こちらを訪ねた高木君がいただいたご著書を拝見しまして、電話もかけずにお邪魔しました」

と話すと、

「あなたがやってくるのが見えていましたよ。今、あなたがやっていることはちょっと危なっかしい。あなたはもっと勉強する必要があります。こっちへいらっしゃい」

と、私を集会所の隅にいた四、五人の人の輪の中に連れていった。私と同じくらいの年齢の人ばかりだった。

沖縄から来たという若い女性へのアドバイスをしている最中だった。高橋信次は、その女性の守護霊と話をし、さらにその内容をその女性に確認している。

どうも、この女性は体が不調だという。高橋信次はその女性をトランス状態に導き、その不調の原因を本人にしゃべらせるという不思議なことを行なった。

いろいろ質問したかったが、初訪問の私はそこで行なわれている事態が完全に理解できないので、黙って見ていた。

一段落したので、

「ひとつ質問をしていいですか?」

と言って、『大自然の波動と生命』の中に書かれていた内容について質問した。その本には、地球と人体の関係や、バイオリズムと数字の関係などが書かれていた。高橋信次のバイオリズム理論は、現在の私たちが知っている理論と違って、整数の組み合わせの計算手続きが大変面倒だった。数学に弱い私は、その本の数字についての説明がよく理解できなかったのである。

高橋信次は、

「上の部屋に行きましょう」

と言って、私を五階の彼の書斎に招いた。立派な机があって、ソファーが置いてあり、いかにも社長室という感じの部屋だった。

その机の上に、中学生が使う星座表のような形をした円型の道具が置いてあった。高橋信次はその道具を手前に引き寄せた。

「それは何ですか？」

「バイオリズムの計算器です」

「あなたの生年月日は？　生まれた時間はわかるかな？」

高橋信次は、その器械を操りながら、

「うん、あなたは三十二歳のとき、大変な目に遭う」

実は以前、東京芸大出の山本佳人さんという超能力研究家が私に、

「あなたは三十二歳で脳梅毒にかかって死ぬ」

と、とんでもないことを言ったことがある。三十二歳というのは気になる年齢だったので、

ぎくっとした。

「死んじゃうんでしょうか？」

「いや、死ぬ心配はないけれども、体がガタガタになるでしょうね。それから八十八歳のときにバイオリズムが交わるので、注意しなければならないですね」

「そんなに生きる必要はないですよ」

私は笑った。

そのときの高橋信次の計算は、私が三十二歳になったときに的中した。膵臓と肝臓が異常に腫れた上に、胆汁を運ぶ管がふさがって歩けなくなってしまったのだ。

最初に診てもらった大学病院の医者が「肝臓ガン」だと宣告した。しかし山本さんが言う脳梅毒ではなかったので、ひどく安心した。

念のために、今度は慶応大学病院に勤めている同級生の医者に診てもらうと、

「すぐに入院しろ」

と言った。

「どうやって治すんだ？」

と聞くと、

「とにかく抗ガン剤を投与する」

と言う。

「切れないのか？」

と聞くと、

「胆管は治せるが、膵臓と肝臓は無理だ」

と言う。

「じゃあ、治せないということじゃないか」

「うん、難しい。でもやれるだけやってみる」

私はすごく怒って、

「医者なのに、ガンも治せないのか。抗ガン剤というのは、ガンを治す薬じゃない。人間の免疫能力をなくするだけの毒薬だ。オレを抗ガン剤で殺すつもりか。ガンなぞ自分で治す」

とタンカを切った。

当時の抗ガン剤というものは、白血球やリンパ球の増殖を抑える薬であった。本来、ガンをやっつけるために、体中の白血球やリンパ球が増殖するのである。そのガンをやっつける抗体を殺して、なぜ抗ガン剤と呼ばれるのか私には少しも理解できない。

抗ガン剤を多量に投与されて、白血球が体内からなくなって死んでいく患者を見るたびに、私は医学の無知に怒りを覚える。白血球を増やし、同時にガンをやっつける薬こそ、抗ガン剤と呼ぶべきものである。

そのときはタンカを切ったものの、体が動かせない。必死の思いで図書館に通いながら、ガンの民間療法の本を調べまくった。

答えはなかなか見つからなかった。数か月経つと顔がものすごくむくんできて、食事もまともにできなくなってきたが、杖をつくとゆっくりながらも歩けるようになってきた。ふと入った小さな本屋の健康コーナーを見ると、『ガンも治る西式健康法』という本があった。

「これだ、これだ。やっぱりあった」

西勝造という医者が開発したのが西式健康法である。すごく変わった健康法で、戦後すぐにかなりのブームになり、多くの病人を救っている。ところが、この健康法を日常生活の中で実行するのは意外に大変なので、今はあまり顧みられていない。

大ざっぱに紹介すると、〈大量の水を飲む〉〈朝食を食べない（前日の残存栄養が尿の中からなくなるまで食事をしない）〉〈根菜数種をジューサーで混ぜて、うわずみを捨てて残りのドロを食べる〉〈水とお湯の交互の入浴をする〉〈寝るときは板の上に寝て、枕は木で作った三角枕を使う〉〈手足の毛細管に血を流すための特殊な運動をする〉〈はだかになって酸素を体内に入れる〉など、西洋医学や東洋医学の常識からだいぶはずれた内容である。

その本を購入し、その本の指示どおりに忠実に実行したところ、四か月後には完全に快復した。

最初に私に「ガン」と宣告した大学病院を訪ねて、検査してもらった。

「前のデータは誤診だと思いますよ」

私はとてもうれしかった。

「私を診断したのは鈴木先生です。鈴木先生に聞いていただけますか？」

やがて私の前に姿を現わした鈴木という若い女医は、私の顔を覚えていた。

「うちに入院なさっていたんですか」

私は、このまじめそうな女医をからかうように言った。

「いや、入院しないで、毎日水ばっかり飲んでいたら、ほら、けろりと治ってしまいました」

彼女は、私の新しいデータと、ニコニコしている私の顔を見比べて絶句した。


高橋信次は、自分が作ったバイオリズム計算器で自分の将来の計算をしていた。

この計算器はわれわれが知っているバイオリズムと違って、潮の満ち欠けなどの天体と地球の関係も組み入れられている実に複雑なものだった。だから、ＳＰＩという三つの波の交わりだけを調べる現在のバイオリズム計算器よりもはるかに精確で、細かな予測ができたのである。

「この計算器を買った人は、どうも運命を気にしすぎて、運命を変えようとしないんですよね。努力すれば変えられるのに。ぼくの場合は、ほら、四十八歳の七月で、四つのリズムがゼロになっちゃうから、これを越えるのはとても難しいですけどね。あなたは、八十八歳の十二月に三つがゼロになる。それを越えれば、次に危ないのは百二十四歳です」

「えっ、そんなに長く生きるんですか。いやだなあ」

高橋信次によると、運命は変えられるという。この計算器は、あらかじめ危ない時期を予測して、それに対応する心の修行を計画的に行なうものなのだという。その器械が欲しいと言うと、

「もう作らないことにしたのです。悟りの役に立つようにと思って作ったのですが、計算した運命に引きずられる人が多いようなので、やめてしまいました」

高橋信次は、自分が学んだ電子工学の技術を生かして、この器械をデジタル化して量産しようと考えていたそうである。しかし、八起ビルを建てたとたんに、その方針を大きく変更させることになった。つまり、自分に残された時間が少ないので、そんな悠長なことができなくなったのだという。さらに、この器械が市販された結果、運命論しか信じようとしない占い師などの手に渡り、いい結果が生まれていない、とも反省していた。

高橋信次が主張していたバイオリズムは、その後、仙台市の消防本部などの地方自治体で採用され、事故防止に役立てられた。仙台の地元紙、河北新報の報道によると、年間十件以上あった消防作業時の事故が、採用後には年間一、二件に減ったそうである。

しかし、残念なことに現在は、「はっきりしたデータがないので非科学的である」という理由で中止になったという。

超能力ブームから高橋信次に出会うまで

当時、つまり昭和四十五年ごろの二十代の若者は多かれ少なかれ、全世界で起きた大学紛争の影響を受けていた。一九六八（昭和四十三）年にパリで起きた「カルチェ・ラタン騒動」という学生運動が世界中に飛び火し、アメリカや日本での大学占拠闘争のきっかけを作った。

連日のようにマスコミは学生運動の報道をしていたが、東大の安田講堂の占拠事件をピークに終焉《しゅうえん》するようになる。

過激な活動家たちは、その後、よど号のハイジャック事件や、連合赤軍事件などを引き起こした。また、内ゲバと呼ばれる殺し合いをくり返す、中核派と革マル派などの主導権争いも発生した。

当時の学生運動は、日本共産党系の学生たちが推進してきた社民路線を批判して、既成の体制を否定するものであった。そして運動を支えた学生たちの大多数は、政治党派に属していない「ノンポリ」と呼ばれる人々であった。

今までになかった新しい価値観を持つ若者が大量に出現し、社会人になっていった。その中には、運動に挫折した者もいたが、価値観の多様性を社会に持ち込んでいく者のエネルギーのほうが強かったようだ。また、マルクス主義などの今までの古い価値体系も否定されるようになっていった。

旧来の哲学が世の中を二元論的に見ていたのに対して、「社会と個人」「精神と肉体」などを一元論的に見ようとする者が増えていった。

東大紛争のきっかけになったのは、「心」と「体」を別々にとらえようとしていた従来の医学に対する、医学部の学生たちの「ノン」であった。現在、病気に対する心の影響を無視する医者はめったにいないと思われるが、当時の学生運動が切り拓いてきた積極的な面が現在に生かされているということである。

アメリカの若者たちは、ロックやドラッグにリアリティーを求めるようになり、さらにインド哲学や精神分析などに走る者が増えていった。

その波は日本にもやってきた。

次々にロック・コンサートが開かれるようになり、かつての全共闘のマイクによるアジテーションは、音楽や楽器に取って代わった。

アメリカの影響を受けて、インド旅行をする若者が増えた。マリファナなどを好んで吸う若者も増えた。また、密教やヨガがブームになり、宗教への関心を持つ者も増えていった。

昭和四十五年には、そういう時代背景があった。

私は、昭和四十三年に『ニュー・ヴァーブ』という名前の新聞を発行している。学生運動が盛んな時代だったにもかかわらず、そこであつかっていたのは文化の問題であった。

新宿の西口広場に毎晩一万人以上の若者が集まって、フォークソングやベトナム戦争への反戦歌をうたうようになると、紙面には当事者たちの意見が掲載された。アメリカのロック・コンサートがマスコミに登場するようになると、それを日本でも行なおうとしていた人々の意見や呼びかけが紙面に載った。

音楽だけでなく、宗教、子育て、ウーマンリブ、公害、教育などの問題をあつかい続け、三千人ほどの読者が熱心に読み、そして積極的に書き、五年間にわたって発行された。

『ニュー・ヴァーブ』のような小さなメディア（媒体）は当時ミニコミと呼ばれ、全国各地で発行されるようになった。「ミニコミ・ブーム」という言葉が生まれたのが昭和四十四年のことで、朝日新聞の調査では全国で三千種類ほどが発行されている。内容的には、政治をあつかうものから、文化の問題や公害の問題をあつかうものなど、多種多様だった。

そのころの私が一番知りたかったのは、

「人間はどうして、音楽や絵画などの文化を必要とするのだろう？　それは人間にとってどういう意味を持つのだろう」

ということだった。

だが、昭和四十年代当時は、マルクス主義を中心とした理論が幅を利かせていた。ソ連では、かつてスターリン時代にジダーノフという政治家が、「下部構造が上部構造を決定する」

という芸術論を一九四八年に発表しており、それがずっと下敷きとなっていた。下部構造というのは社会の経済活動のしくみを意味し、上部構造というのは文化活動など、生産に直接かかわらないジャンルを指す。そして音楽や芸術は、労働意欲をはげます社会主義リアリズムでなければならないというものだった。

このジダーノフ理論は、中国の毛沢東や日本共産党の宮本顕治などが信奉し、それぞれ党活動の芸術理念にしている。

しかし、私にはそんなわけのわからない理屈は納得できなかった。労働意欲と無関係に生まれるのが芸術ではないか。

自分なりに芸術の意味を探し求め、さまざまな人に会っていたのだが、芸術の本質的な意味をつかまえる作業はなかなか進まなかった。

その意味の一端を教えてくれることになったのが、末永蒼生《すえながたみお》さんとの出会いだった。昭和四十三年だった。彼は、現在は色彩研究家として著名であるが、昔はむしろ前衛アーティストであった。

末永さんは、浅利篤《あさりあつし》氏という色彩心理学者が主宰する『日本児童画研究会』の会員であった。同時に、芸術家グループを組織して、あちこちに出没し、奇妙なイベントを行なっていた。銀座の真ん中で全裸でのイベントを行なったり、全共闘の集会に電気ギターを持ち込んでロックを演奏するなど、当時の前衛アーティストの旗手でもあった。

私はよく末永さんのアパートに転がり込んで、だいぶ迷惑をかけた。

彼は『日本児童画研究会』の会員として、生活のために何か所かで、子供たちに絵を教えていた。過激な活動をする前衛アーティストとは思えないアンバランスさが、私には奇妙だった。

しかし、それは月並みなお絵描き教室ではなかった。そこに集まる子供たちは実に生き生きとしており、自分の精神の内部にひそんでいる「絵を描きたい」という欲求を、何時間も画用紙の上に塗りたくり続けていた。

末永さんが、

「さあ、おしまいだよ」

と言っても、子供たちは帰ろうとしない。体中を絵の具だらけにしながら、絵を描くことの喜びにひたり続けている。

末永さんは子供たちの母親が来ると、絵を見ながらさまざまなアドバイスをしていた。絵を通じて、子供たちの精神が手に取るようにわかるという。

私はその方法を聞いたが、なかなか教えてくれない。

「キミは理屈っぽかったので、反発するんじゃないかと思って、教える気にならなかったんだよ」

のちに、末永さんはそう述懐している。

岩手県盛岡市の絵画教師であった浅利篤氏が発見した「アサリ式色彩診断法」というのは、驚異的なものであった。

私はさっそく盛岡に浅利篤氏を訪ね、『日本児童画研究会』の会員になり、この方法の勉強に取り組んだ。やがて、自分が研究しようとしていた表現の秘密が少しずつ見えてくるようになった。

紙数がないので簡単に説明するしかないが、浅利篤氏は四十年ほど前にふとしたきっかけで、子供の絵から心を読む方法を発見している。子供の意識や経験が脳を通して、画面に投影しているということを発見したのである。浅利氏はこの発見を著書にして発表し、研究を進めるために『日本児童画研究会』を組織し、普及、実践活動をしていた。

私は、音楽の表現の意味、つまり音楽はなぜ人間に必要なのか、音楽を表現したいという欲求はどこから来るのかを知りたくて、当時、音楽美学の第一人者だった桐朋音楽大学の北沢方邦氏のところに出入りしていたのだが、わからないことだらけだった。

そんな私にとって、表現の秘密に迫るこの方法は渡りに船だったのである。

末永さんによると、私は「アサリ式色彩診断法」を「砂に水が染み込むように吸収した」そうである。

その二年後の昭和四十五年に私は、音楽と絵画のシノプシー（共感覚）を主題にして、『音楽的知覚と視覚の相関』という論文を音楽学会で発表している。

この論文を仕上げたころ、私は初めて音楽や絵画が「わかる」ということを実感できるようになった。それまでの私は、雑誌や新聞で他人が評価する音楽や絵画を活字で理解して、「わかったつもりになる」ということしかできなかった。

そういう見え方がしてくるとおもしろいもので、どんな有名な音楽家や画家にでも、会うことが怖くなくなってきた。その人の創造の苦労が手に取るようにわかるし、手抜き作業もすぐに見破ることができる。

どうしても理解できなかったジャズというものも、知的作業の積み重ねと、感情の複合体が作り出すものなのだということが見えるようになって、良し悪しを判断できるようになっていった。

私は『ニュー・ヴァーブ』に表現のしくみについての連載をはじめた。読者たちは新しい知識に驚き、「アサリ式色彩診断法」を知りたいという人が浅利さんを訪ねはじめた。

しかし、解決のつかない問題がたくさんあった。『ニュー・ヴァーブ』には、宗教や超能力の問題もたくさん持ち込まれてきていたからだ。

アメリカの若者たちが東洋の宗教に興味を持つようになり、クリシュナ教やラジネーシ、バグワンの教えを広めはじめた。今でいうカルトの原形のようなものである。そのブームは日本にも流れてきた。また、戦前の神道系を再興した新興宗教や、『阿含宗』などのまったく新しいオカルト系の教団も出現していた。

まだユリ・ゲラーは登場していなかったが、書店には超能力やＵＦＯの本があふれ、テレビには怪しげな占い師や超能力者が登場しはじめていた。

マスコミはこれを「超能力ブーム」と呼んだ。今の超能力ブームが第三次と呼ばれているから、当時は第一次超能力ブームということになる。

高木謹介さんが『超科学研究会』という団体を作ったのは、そういったブームの渦中においてであった。

宇宙体操との出会い

高橋信次を訪ねる前の年の春、昭和四十四年に、私は大阪府岸和田市に住む根来泉龍《ねごろせんりゅう》さんという、修験道と仙術を行なう行者《ぎょうじゃ》を訪ねている。

高木さんが出していた『超科学』というニュース・レターに、山岡さんの生体感応が掲載されたところ、根来泉龍さんからのはがきが届いた。

「自然運動というものをマスターすれば、誰でも人の病気がわかるようになります」

という内容であった。

根来さんは、岸和田の繁華街のすぐそばの、旧い小さな木造の家に住んでいる人だった。

当時七十三歳で、薄く白い髪の毛をした痩せ型のひょうひょうとした人だった。山伏の服が壁にかけてあった。聞いてみると、先祖代々が行者で、自然運動というのは親の代から伝えられているという。

「どうやって他人の病気を知ることができるのですか」

「そんなもん簡単じゃ。人の背中に手を向ければ、背中が勝手に教えてくれるわい」

自分の体を見てもらった。

「あんたは、波動をあてると首がこう、後ろに動きよる。鼻が悪いし、目も悪い。こりゃちょっとやそっとじゃ治らんで」

私は、生まれつきの弱視であり、蓄膿症で悩んでいた。生まれて初めて超能力というものを目のあたりにして、私はしばらく絶句した。

「もう自然運動は教えないことにしておる。誰ぞ別な人から習いなはれ」

と言う彼を拝み倒して、指導を頼んだ。

東北や大阪などにも来てもらい、私の友人たちを集めた講習会も行なった。

この自然運動というのは、根来泉龍さんだけが行なっていたものではないということをのちに知った。たとえば日蓮宗で行なっている霊動法、野口晴哉《はるちか》さんの活元運動、岩田式本能法、最近では中川雅仁さんの気功など、さまざまな形態がそう呼ばれている。

どの方式も似たりよったりである。病人にハンド・パワーを与えて、相手の体が勝手に動き出すのを待つ。いったん体が動き出せば、あとはその動きにまかせるだけである。ちょうど疲れたときに、思わずアクビとともに出てくる背伸びのような感じと似ている。その背伸びの状態が何分間も連続して、体の悪いところが勝手にほぐれてくるもので、とても気持ちがいい。

リウマチやヘルニアなどは数週間で全治するようであり、近視なども治っていく。

当時の私は、この運動によって誘発される超能力のほうにも興味があった。根来泉龍さんは、「鳥寄せ」が得意であった。

庭先に出て、

「こい、こい」

と言うと、スズメやメジロなどの小鳥が集まってきて、彼の肩にとまり、ピーチクと騒いでいる。とてもほほえましい光景だった。そこまでやれるのに何十年もの修行を必要とすると語っていたが、世の中には不思議な人がいるものである。

半年ほど経つと、おおむね自然運動の要領がわかるようになって、知り合いにも手ほどきできるようになってきた。

年を越して昭和四十五年になると、東京の友人が教えてくれと言いはじめた。岸和田に電話すると、

「今、体の調子が悪いので、教えに行けない。あんた、自分でやんなはれ」

と言う。

東京・小金井の公民館を借りて、四十人ほどが集まっての講習会だった。玄米を食べる運動をやっていた花井暁《あきら》さんが講習会をアレンジし、参加者を集めた。参加者のすべてが私と同じくらいの年齢の若者だった。

当時は第一次超能力ブームといわれる時代であり、宗教や超常現象に走っている若者が多かった。私の指導から超能力の匂いを嗅ぎとった参加者たちは、自然にそちらのほうに主眼を置くことが多かった。そして、参加者たちはこの運動をいつしか「宇宙体操」と呼ぶようになっていった。

講習会は十日連続というものだったが、その五日目に不思議なことが起きた。Tさんという当時二十歳の女性が、急にフランス語で何ごとかを叫びはじめたのである。

根来泉龍さんから、自然運動のときに発現する現象のあつかい方を次のように習っていた。

①動物のような動きが出たらただちに停止して、もう一度最初から行なわせる。もし、何度やっても同じ動きの場合は憑依現象なので、お寺に連れていく。そのままやると体を痛めるので、自分ひとりでやらないように注意する。

②神がかり現象が起きたら、すぐにやめさせる。自然運動を行ない続ければ発狂する可能性があることを伝え、決して自分で行なわないように厳重注意をする。

しかし、そのときの彼女のフランス語は、神がかりともまったく違うものだったので、いったい何ごとが起きたのだろうと興味を持った。

「誰かフランス語がわかる人はいませんか」

と聞くと、そばにいた学生ふうの女性がフランス語を習ったことがあるという。その人の通訳によると、

「私は戦争で夫を亡くして、今、腕に抱えている子供も死んでしまった」

と言っているという。

「過去生回帰現象だ！」

私はそう思って、

「今、何年ですか？」

と聞いてみたが、彼女は、

「わからない」

と言う。

「今、フランスではどんな歌をうたっているのですか？」

と聞いてみた。驚くべきことに、彼女はフランス国歌である「ラ・マルセイエーズ」をうたい出した。

ちなみに、このときにフランス語をしゃべったTさんは、フランス語は一切学習したこと

がないと言っていた。

記憶というのはあいまいなもので、そのときの私は、そばにいた女性に通訳してもらったと思っている。しかし、当時の現場を見た人によると、私はわけのわからない言葉でその女性と対話していたという。

次に、『ニュー・ヴァーブ』に掲載された花井暁さんの文章を引用してみよう。

「小金井の会場に集まった四十名もの若者たちは、未知なる世界に踏み入ろうとする冒険心に心を躍らせながら菅原さんの説明に聞き入っていた。

さて十日間の前半を終わろうとしていたある日、例によって体操終了後のミーティングのときに、受講生の大半の人々が前代未聞の不可思議な現象にぶつかってしまった。残念なことにぼくを含む数名の人々は行ないが悪かったのか機を逸したのだが、いろんな人達の話を総合してみるとこういうことなのだ。

五日目の講習会が終わって雑談をしていると、その雑談をさえぎるように菅原さんはまるでなにかに引っ張られるようにTさんの前に歩み寄り、ひとりで話を始めた。Tさんは言葉にならない声でブツブツ言っているのだが、菅原さんはどうもその声に向かって話をしているようであった。こうして見えない世界との対話が始まった。

Tさんはまるでマリファナ・トリップのようにうっとりと目を閉じ、妖艶なメロディーを口ずさむのだった。それは人を引きずり込むような音色を持ち人々の耳をうばった。さらに菅原さんとTさんを通した見えない世界との対話は続くのだが、そのときまわりをかこむ張りつめた目がとらえたものは、奇妙な状態に陥ったTさんからではなく、その前に立っていた菅原さんの首の後ろ側のつけ根のあたりから天井に向かっていく白い線であった。

後の説明で、あの世（死後の世界）とこの世（生の世界）をつなぐかけ橋である霊子線だと言われたのだが、クモの糸と間違えた人もいて聞き慣れぬ言葉に興奮したものだった。

このようなことがあって宇宙体操はただちに中止された。それはぼくらの手の届かない領域の現象であり、菅原さんにしたところで解決の方法がなかったからだった」

同じ事件に関して末永蒼生さんは、現場には居合わせていなかったのだが、『ニュー・ヴァーブ』の同じ号の誌上で冷静な分析をしている。

「この講習会では約三十人の受講者の目前でいわゆる『霊現象』なるものが発生し『講師』の菅原クンを大いにあわてさせたようだけど、この事件が参加者ひとりひとりに少なからず衝撃を与えたのは事実である。

この種の体験というものは時には人間を発狂させるほどの激しさで脳細胞を丸はだかにしてしまう。『意識』の射程距離が無限であると信じ込んでいた者にとってはマクロとミクロを貫く宇宙法則の支配を目のあたりにつきつけられる体験というものは、それこそ『意識の革命』とも言えるかもしれない。

さて、例の『生体感応』講習で突然『霊』に取りつかれ対応する術《すべ》をなくしたという事件について当の菅原クン自身大いに考えこんでいたようだけど、実はこの『事件』はわれわれ関係者みんなが引き起こしたというのが実態である。むしろ菅原クンはこの『事件』を無意識のうちに起こそうとした者たちの欲求によって巻き込まれたのではないかという気さえする。『事件』の瞬間に菅原クンはそのことにハッと気づいていたのではないかと思う」

末永さんは宗教というものに含まれる麻薬の力を私に強く警告した。今にして、彼の言う通りだと思う。当時の私はこの現象を理解できなくて、宗教家である高橋信次のもとに相談に行った。ことによったらそれが間違いの始まりだったのかもしれない。

宇宙体操で発生した問題を高橋信次のもとに持ち込む

その事件が起きた翌日の講習会は、もっと大変な状態になった。受講者の何人かが、われ先にと異言を話しはじめたのである。

対応のしようがなくなった私は、講習会の打ち切りを宣言した。心の中では高橋信次に相談に行くしかないと思っていた。

高橋信次は私の来訪の目的を知っていた。

「体をくにゃくにゃ動かさなくても、正しい生活をしていれば健康を維持することはできますよ」

と、まるで見てきたようなことを言う。

「友だちを連れていらっしゃい」

宇宙体操の講習会に参加していた人々にいきさつを話して、八起ビルに連れていった。例の事件の翌日に異言を話した人に、Aさんがいた。当時十九歳くらいの女性だった。その彼女は、高橋信次に会うなり異言を話しはじめた。英語だったので私もすぐに理解できた。だが、男の声だった。

「アメリカ人の憑依霊がついているなんて変わっていますねえ」

高橋信次が異言の相手と話すときは、いつも古代インド語を使っていた。相手が英語だからといって英語になることはなかった。この意味については第四章で述べる。

Aさんについているという霊は、古代インド語でしゃべる高橋信次に英語で毒づいている。しかも、「ファック・オン」とか「ソノファビッチ」などのかなり下品な言葉を使っている。

高橋信次は、

「心を落ち着けて、日本語で話しなさい」

と言ったが、この霊は英語で悪態をつき続けるだけだった。高橋信次は、両手を広げたかと思うと、手のひらを口もとに持っていき、

「ふーっ」

と息を吹き、その息を相手に吹きかけるかのように、また両手を広げる動作を何度か行なった。

アメリカ人の男の声は消えてしまった。

「今の男は本能だけで生きてきた、とんでもない男です。この女性の意識を支配してきたのですが、反省の気持ちがないので強制的にあちらの世界に送り込みました」

と高橋信次が説明すると、今度はAさんは女性の声で、やはり英語で話しはじめた。

「心を落ち着けて、日本語で話しなさい」

高橋信次はまた言った。その霊はカタコトの日本語で、なぜ自分がこの女性についているかを語りはじめた。それによると、自分はとてもセックスが好きで、この女性にくっついているとセックスが楽しめるので好都合だという。

私は口をあんぐり開けて、この現象を見ているだけだった。

やがて、意識を取り戻したAさんに、高橋信次は話しかけた。

「あなたはエロエロあるみたいですね」

彼女は一連の現象を思い出して、真っ赤になった。

「そんなにセックスが好きなんですか？」

「……はい」

「次々と相手を求めても、満足できないのですか？」

「……はい」

高橋信次はふうっと、ため息をついた。

「あなたは本能というものだけで生きているんですよ。その結果、いろんな人に悲しい思いをさせたのです。わかりますね？」

彼女は、じっと下を向いて、すすり泣きはじめた。

高橋信次は、今度は私に言った。

「あなたはもうちょっとで殺されそうになったのですよ」

「えっ」

「あなたの霊子線は丈夫だからよかったのですが、みなが手でさわったのです。感じましたか」

例の東京・小金井の講習会での霊子線事件のことだった。

「いえ、まったくわかりませんでした」

「意識的にもぎとろうと思う人がいると切れてしまうのです」

高橋信次は霊子線のしくみを私たちに説明しはじめた。あの世にも意識を持った肉体というものがあって、人間は死ねば、その体の中に入っていく。この世の体から意識が離れて、あの世に帰っていくときに通るのがこの霊子線なのだそうである。

Tさんの過去生の意識がしゃべりはじめたので、現場にはたくさんの霊が集まってきたそうである。悪質な霊は霊子線を切って、あの世に引きずっていくそうである。私の守護霊たちは、私を守るために霊子線が切れないように心配したので、物質化して、まわりからも見える状態になったのだという。

「あなた方の世代はとても不安定です。闘争と本能に毒されています。エロエロある人もいるし、学生同士が殺し合ったりもしています。これらは全部、自分を失っている状態です。そこに憑依霊が取りついて、ますますその人を不幸にするのです」

私の頭の中はだいぶ混乱してしまった。どういうことなのかを、時間をかけて考えていくしかないと思った。高橋信次の手助けは、私にとってとても重要だった。

高橋信次に帰依した友人たち

東京・小金井での霊子線事件の半年前。山形市に住む私の友人たちが根来泉龍さんを招き、地元の旅館で講習会を行なっている。

会場探しに苦労していたところ、市内で輸入雑貨の仕事をしていた増本瞭《りょう》さんが知り合いの旅館と話をつけてきた。山形県庁に勤めていた遠藤邦雄さんも話を聞きつけて、仲間を連れてきた。

日を追って、「おもしろい」という噂が広がり、当初三十人ぐらいだった参加者が、百人ぐらいに広がっていった。

会場の旅館の中学生になる娘さんが脊椎カリエスで入院していたのだが、自宅療養の名目で一週間の講習を受けたところ、すっかり治ってしまった。

頭痛、リウマチ、近視などが治る者が続出し、講習会は成功したかに見えた。しかし、先に述べたように、そのときは見えなかった大きな落とし穴があったわけである。

霊子線事件のことは、そののち遠藤邦雄さんが『ニュー・ヴァーブ』で知り、そのいきさつを聞きに来た。今、その問題の解決のために高橋信次という人のところに行っていると伝えると、彼は興味を持ってきた。そこで高橋信次の本を読むように勧めた。さらに増本暸さんも高橋信次に興味を持ちはじめた。

増本さんは当時、仕事の将来のこと、家族のことなどで大いに悩んでいた。

高橋信次の講習会が盛岡で開かれることを話すと、増本さんは、

「ぜひ、行きたい。一緒に行こう」

ということで、私の汽車賃まで出してくれた。彼は超能力ということに異常なほど興味を持っていた。特にオーラを見ることができるようになりたいと言っていた。私は子供のころ

からオーラが見える質《たち》だったので、そのことを知った彼は、会う人のたびにオーラの色を見てくれないかと言ってきた。そのうち答えるのがいやになって、

「見えませんよ」

と、私は言うようになった。その日も、講演をする高橋信次をじっと見つめて、

「秀さん、先生の後光が見えますか」

と聞く。高橋信次のオーラは明るく、柔らかく光っていたが、

「見えませんね」

と、答えておいた。増本さんはその日の講演に非常に感動したらしく、帰りの列車の中で、

「高橋信次先生は本当にお釈迦さまの生まれ変わりですね。これで、ぼくの人生も開けるぞ。どうもありがとう」

と言う。ことによったら、あの会場に高橋信次をお釈迦さまと言い続けている僧侶の村上さんがいて、増本さんに吹き込んだのだろうか。あまりにもはしゃいでいるので、

「信次先生は物ごとにフィルターをかけて判断しろとおっしゃってましたよね。お釈迦さまの生まれ変わりという判断は単純すぎませんか」

と言ったのだが、聞く耳を持たなかった。朝から晩まで、知り合いをつかまえては高橋信次のことばかり話すようになり、仕事もそっちのけになってしまった。私はこの人の奥さんからだいぶうらまれたようだ。

やがて、増本さんは自分がやっていた雑貨輸入の仕事をたたんで、東京のＧＬＡに身を寄せるようになった。根が素直というか、単純な人なのであまり敵を作らない。しかし、乗せられやすい人なので、とても心配だった。

遠藤邦雄さんも増本さんと前後して上京し、ＧＬＡに就職した。県庁の会計の仕事をしていた公務員なので、将来の出世は間違いなかったのだが、よほどＧＬＡに魅力を感じたらしい。増本さんのような軽いノリの人間ではなく、慎重に考えるタイプである。現在はＧＬＡの出版の仕事をしているらしい。

山形は田舎なので、広い家が多い。増本さんを中心に広がった高橋信次の信者（？）たちは、夜な夜な各自の家に集まって、過去生の言葉でしゃべったり、憑依霊を取り除いたりと、高橋信次のまねごとをするようになっていった。

私も最初のうち、よくわからずにつき合っていたのだが、あまりの異常さに、

「霊道ごっこはもうやめよう」

と何度も言ったのだが、私をさそわなくなっただけで、彼らは霊道ごっこを長いこと続けていたようだ。

作曲と執筆の仕事が忙しくなって、山形のことをしばらく忘れていたころ、増本さんたちの霊道ごっこに対する苦情が伝わってきた。高橋信次にそのことを伝えると、

「子供じゃないんだからねえ」

と、困った顔をしていた。

高橋信次が増本さんたちにどう伝えたのかは知らないが、霊道ごっこはぴたりと止まるようになった。

私は増本さんたちの心に、すでに高橋信次に対する盲信の気持ちが発生していたことに気づいた。つまり、「霊道ごっこをやめよう」と何度私から言われても聞く耳を持たなかったのに、同じことを高橋信次から言われるとすぐに従ったからである。

この心理構造には、あらゆる宗教団体の信者が陥ってしまう。たとえ他人から言われたことが真実であっても、教祖や指導者から言われない限り聞く耳を持たない状態である。

つまり、自分の力で考えることをやめた「思考停止」の状態なのである。一番危険なのは、教祖や指導者が右と言えば右、左と言えば左というふうに、言いなりになってしまうことだ。

高橋信次は、

「私の話にもフィルターをかけて判断しなさい」

と何度も注意したが、その注意がまったく機能していないのである。

さすがに東京の友人たちは霊道ごっこはあまりやらなかったようだが、GLAが発足すると同時に、高橋信次に帰依する仲間がどんどん増えていった。こちらのほうは、後述する別の問題を引き起こすようになっていった。

考えてみれば、私もかなりの数の人に高橋信次のことを話したり、GLAの講演会に連れていったりした。当時、私自身がまわりから狂信的に見られていたかもしれない。

現在でも、当時に引き続いてGLAに通い続けている私の友人は、数えてみれば百人以上はいるようだし、少なくとも十人ほどの人々が、GLAの本部や支部で指導活動をしている。

そのうちの何人かから、

「君のおかげで、GLAを知ることができて感謝しているよ」

と言われているが、私は彼らがGLAを知ったことを喜んでほしいのではない。二十代の判断力のない私であったが、みなに本当に幸せになってほしかったのである。よけいなお世話だと言われそうだが。詳しくは別章で述べよう。

GLAが発足して二年、三年と経つようになると、帰依者の数が増えて、直接に高橋信次に会える機会がなかなか取れないようになってきた。講演会の合間をつかまえて話しかけても、すぐに別の人がやってきて、

「先生、これが先日お世話になった息子の嫁でございます。今日は熊本から先生にお礼を申し上げたくて、一緒に出てまいりました」

とか、

「先生、どうぞ私の妻に光をあててください。先生におすがりするしかないのです」

とかいったあいさつやら、救いを求める話が延々と続くようになっていった。

自分が救われたいというエゴの集団が、全国から高橋信次を目指してやってくるのだから大変なものである。

組織が大きくなれば、それにともなって高橋信次の補佐役も増えそうなものだが、講師と呼ばれる補佐役たちはいかにも頼りなく、自信もなさそうだった。わからないことが発生すると自分で考えようとせずに、すぐに高橋信次に聞いていた。さらに、高橋信次に対する伝言が、これらの補佐役のところでストップしてしまうということも起きはじめていた。組織が大きくなると必ず起きる弊害である。

高橋信次は欲望をいっぱい抱えた何万人もの人間を、ひとりで指導していかなければならないという状態の中にいた。

会員たちは高橋信次がひとりの人間であり、人間がやれることには限界があるということを考えずに、まるで高橋信次が神であるかのように頼っていったのだと、私は思う。つまり、高橋信次に対する盲信が高橋信次を神格化し、当人たちの思考能力が失われはじめていることに気づかない人々が出現しはじめたのである。

そのことは、彼らの日常会話に如実に表われていた。

「あの人は調和しているから安心だ」とか、「うちの会社は不調和だ」とかの、主語と目的語のあいまいな会話が発生しはじめていた。GLA語とでもいったらいいだろうか。

自分のソサエティーの中でだけ通じるこういった符牒《ふちょう》のような言語は、その人の思考様式を呪縛してしまうようだ。

「あなたの話し方は、一般社会では受け入れられないよ」といくら言っても、当の本人は符牒言語を、社会的な日本語に切り替えることができなくなってしまっている。

符牒言語の発生は、盲信の発生を雄弁に物語っている。

〔第三章〕

高橋信次はどういう人だったのか

絶大な影響力を持ったこの人物の現代的意味

「高橋信次はすごかった」という話がひとり歩きしているようだ。すでにご存じのように、ここ十九年間にわたって、GLAの分裂のあとに生まれた団体が、次々と高橋信次をかつぎ出している。

この章では、高橋信次が教えを説きはじめ、GLAを作るに至ったバックグラウンドに触れながら、高橋信次の影響力の原点を考えてみよう。

ある映画監督がこう言った。

「私はもともとクリスチャンなので、心とか宗教とかをあつかうことが多いのですが、高橋信次の名前がどこへ行っても出てくるんです。行く先々の関係者が、一様に高橋信次はすごい人だったと言うのですが、一体どういう人だったのか要領を得ないのです」

要領を得ないはずである。人々はあまりにも高橋信次を神格化してしまっている。

「すごかった」と言うのは、勝手である。しかし、その人にとって、どう「すごかった」のか？　彼の超能力を目のあたりにしてすごいなと思ったから、「すごかった」のか。それとも、彼の教えが「すごかった」のか。あるいは人格が「すごかった」のか。

もし、彼を「すごい」と思うなら、その人は自分自身が彼のようになる努力をするのが正直な生き方ではないか。高橋信次というお題目をいくら唱えても、その「すごさ」には少しも近づけない。

超能力がすごいと思う人は、そういう超能力を身につければよい。

教えがすごいなと思う人は、その教えを生活の中で実践すればよい。

人格がすごいなと思う人は、そういう人格者になればよい。

ところが人々は、「すごい」という対象に肝心の自分自身が近づく、あるいは近づきたいということは考えないものである。

高橋信次によると、世の中には三種類の人がいるそうである。地上をユートピアにするための努力をする人が三分の一。それに敵対する人が三分の一。そして、何もしない人が三分の一である。

宗教家は世の中にたくさんいるが、それらの人々は、地上をユートピアにするための努力をする三分の一の人々なのだろうか。答えは否定的である。

宗教に関しては、おかしいことがあまりにも多すぎる。

書くまでもないとは思うが、思いつくままに列記してみよう。

「神以外を父と呼ぶな」というキリストの教えを信じる者が、神父（ファーザー）と呼ばれて平気で聖職者づらをしているおかしさ。

釈迦の像に向かって、その教えを説く「お経」を上げている坊主のおかしさ。その反対の聴衆の側を向くべきなのは当然であるのに。

釈迦の教えを説くといいながら、自分の先生の名前をつけた○○宗というセクトを次々に作る坊主たちのおかしさ。

予言がはずれても、教団の看板を下ろさない新興宗教のおかしさ。富士山が爆発する、東京が壊滅する、世界が終わるなど、予言事件は相ついでいる。

偶像礼拝を禁ずるキリスト教会で、キリストやマリアや聖人の像を礼拝するおかしさ。キリストの倣いに従えば、これらの像は破壊されねばならないのに。

中世からこの方、末法と言い続ける教団のおかしさ。どうやらこの世は永久に末法であるに違いない。

神でなく、教祖に手を合わせてありがたがる信者たちのおかしさ。そして、大勢の信者の前で天皇みたいに手を振る、教祖や会長と称する権力者たちの異常なふるまい。

選民のみが救われるという、国際社会ではおよそ通用しない思想のおかしさ。

信者に金集めを命じる教祖たちと、教祖の豪勢な暮らしぶりを見ても疑問に思わない盲信者の集団。

こうして見てみると、どの宗教にもあまりにも矛盾が多すぎる。人々は、より信じられるものを、と探し続けることになる。そして、強烈なカリスマ性を持った人間が現われると、教団が形成される。カリスマのすごさに感動した人間は、しょせん宗教には救いはないということは考えようとしないようである。

そして、カリスマを看板に掲げる人たちは、今度は害毒をまき散らしはじめるようになる。いわく、自分はカリスマの教えを守る正しい伝承者であると。無能力者がその伝承者であるということに普通の人々は気づかないので、無能力者の言葉をカリスマの言葉だと思い込んでしまう。無能力者は、信者の反応が素直なのでうれしくなり、自分が能力者だと思い込んでしまう。こうして、盲信の集団が発生する。

ここで断っておくが、私は無神論者ではない。朝に夜に、神に祈るタイプの人間である。しかし、しょせん人間が作る宗教教団には全面的な不信感をいだいている。宇宙とか地球を作り、自然科学の法則を作った目に見えない意思の根源こそが、私にとっての神である。

釈迦がなぜ、人に法を説く気持ちになったかを復習してみよう。

釈迦は苦労の末、宇宙の理《ことわり》（しくみ）を理解した。初めは黙っていようと思った。人々が勘違いして、心を毒すると考えたのだ。なぜならば、真理は奇想天外だったからだ。それを「言葉」という手段で説くのは難しい。しかし、神の使いであるブラフマン（梵天）が法を説くように要請した。釈迦は人々の心を眺めわたしてみた。真理を受け入れる力のある人が存在することを知った。そして決意した。苦というものが発生する原因をまず説き、それを除くための中道《ちゅうどう》の方法を説いた。

キリストはどうだったろう。砂漠の中で四十日間、悪魔と戦ったあと、すぐにユダヤ教の教会に行き、説法をし、人々の体から憑依霊を取り去るという作業を始めた。布教活動の開始直後に、漁師だったシモンとアンデレを弟子として認定し、教団形成をはじめた。釈迦が最初から心のコントロールを説き続けたのに対して、キリストの布教の初期は、憑依霊取りと病気治しが中心であった。さらに数千人の人々に食事を与え、水の上を歩くなどの奇跡の連続を行なった。

高橋信次は、キリストの奇跡と釈迦の説法の両方を、現代の日本人にも理解できる手法を使って実演しながら、登場した。

高橋信次が悟りを開いたと言っている昭和四十三（一九六八）年ごろの日本では、奇跡や霊的なものをあつかう宗教教団は衰退していた。高橋信次の登場は時期的にも、人々の内面の心が期待していたもののようだった。

昭和四十五年から五十年にかけて、奇跡や霊的なものをあつかう実演型の新宗教が次々と登場した。昭和四十九年のユリ・ゲラーのテレビ登場のころには、オカルト・ブームはピークに達した。テレビや新聞の世論調査で、大部分の若者が「超能力は実在する」「UFOは存在する」「死後の世界はある」などと、未知の世界に対して肯定的になっていった。

かといって、若者はおどろおどろしい儀式をともなった宗教を求めなかった。信心と説教だけしかない旧宗教の「ダサさ」もいやだった。何年勉強しても理解できるはずのない宗教哲学でも、その指導者たちの生活を見ることで、すぐにナンセンスさを見破ることができた。その意味で、高橋信次はピュア（清純）であった。信者から集めた金でぜいたくをする必要がなかったからだ。しかも、成功したまともな経営者だった。女性関係のルーズさなどもなく、まともな家庭生活をいとなんでいた。信者に対しておどろおどろしい儀式を求めることもしなかった。

さらに、自分が引き起こすオカルトの数々を特権化するようなこともなかった。教えを密教化して、地位を作ってヒエラルキー化（階層化）するのが一般的な教団であるが、ＧＬＡは会長、講師、事務局員などの職掌《しょくしょう》を作っただけのシンプルな教団なので、普通の人も気軽に参加できた。

現代的で、あっけらかんとした組織にもかかわらず、高橋信次は仏教やキリスト教のまじめな信者が、日ごろから疑問に感じている事柄をストレートに取り上げた。

当時の人々の目には、高橋信次の登場はきわめて新鮮であり、かつ現代的であった。

そしてその後も、高橋信次のようなタイプのカリスマは出現していない。

たとえば、ひところ話題になった千石イエスなどは、ピュアという点では高橋信次にひけをとらないが、宗教的なカリスマ性は持ち合わせていない。信者たちからは「普通のおっちゃん」と呼ばれている。

『オウム真理教』の麻原彰晃などは、その風貌からして社会からドロップアウトしており、最初からマイナス要因を抱えている。江東区にある教団のビルから変な匂いをまき散らして、地域住民からきらわれたのは平成五（一九九三）年の七月のことだったが、こういった社会からきらわれるようなことを、麻原彰晃はいくつか行なっている。いくらダライ・ラマから認められていると宣伝してみても、なかなか日本の社会から受け入れられないのは、彼の宗教様式の特異さから来ているといえよう。

『幸福の科学』の大川隆法は、「教えがない」という珍しい教団を作って一時はかなり儲けたのだが、あまりにも教義の内容が軽薄なので大部分の信者が離れてしまった。もちろん麻原彰晃のようなドロップアウトした風貌や、儀式で勧誘するのではなく、会員にコンピューターを使ったペーパーテストの昇級試験を行なうなどの現代性をそなえていたので、一時はブームを作り出すのに成功した。しかし、湾岸戦争のときに億単位の宣伝費を使って出版した『アラーの大警告』という本の中で、アジアの近隣の人々を愚民あつかいし、日本人を選民とした文章を書いてしまった。とんでもない差別意識を持った人間であるということがマスコミにさんざん書かれ、いちじるしく信用を落としてしまった。この本の出版と、それに続くフライデー事件によって会員の数はどんどん減っていった。

肝心のＧＬＡの後継者である高橋佳子は、後述する『ミカエル宣言』時代の異常さは払拭《ふっしょく》したものの、父親のような大量帰依などの現象の発生を慎重に避けて、口コミを中心にして、自分たちで掌握《しょうあく》できる大きさの教団を維持しようとしている。ＧＬＡ内に何らかの変動が起きない限り、この教団が父親が引き起こしたような社会現象に再びかかわることはないであろう。

　しかし、これからも高橋信次のかつぎ出しを必要とする人は現われ続けるはずである。私がこの本を通して、読者のみなさんに伝えたいことで一番大事だと思うのは、高橋信次の次の教えである。

「すぐに信じることはせずに、心のフィルターのふるいにかけて判断してください。私の言うことに対しても、ちゃんと心にフィルターをかけて判断してください」

　この本も、ここに書かれている内容も、あなたの心のフィルターのふるいにかけて、正しく判断していただきたいのである。

　言葉を換えて言えば、「盲信をする人間になるな」ということである。

　宗教というものは永遠になくならないはずである。そして、次々に新しい宗教が生まれていく。宗教は、生まれたばかりのときは大きなパワーを持つ。しかし盲信をする信者が増え、教団の維持のための布教活動がはじまるようになると、「宗教は麻薬だ」といわれる現象が発生する。

　宗教を麻薬化するのは、盲信の働きによる。そして、この盲信というのは実にやっかいなもので、当の本人が気づくのは難しい。高橋信次が言うような、自分の心にフィルターをかける作業は、いくらやってもやりすぎではないのである。

霊能力の強かった若き日の高橋信次

私が高橋信次の妻一栄《かずえ》さんと最初に会ったときに受けた印象は、

「清楚な感じの美人だな」

だった。教祖の妻であるにもかかわらず、でしゃばることもなく、高橋信次と会員との対話をそっと遠くで見ているだけだった。

昭和四十七（一九七二）年秋の熊本での講習会のあと、一栄さんは高橋信次を叱っていた。

「あなたはちゃんと大学に行っているのに、どうして、いつも小学校しか出ていないと言うのですか。自分は無学だなどと、どうしてうそを言うのですか。私は、あなたのそういうところがきらいです」

高橋信次はタバコをゆっくりとくゆらしながら、

「だって、うそも方便《ほうべん》というだろう」

ととぼけていた。

「うそと方便は違います。八正道《はっしょうどう》を説いているあなたが、そういう態度でよいのですか」

ほほえましい場面を見てしまった私は、

「先生、やられてますね」

とニヤニヤしながら近寄った。

「ぼくは、うそつきですかね？」

「たしかに、うそつきです。でも奥さんは正直な人ですね。うらやましいな」

「いやあ、うるさいだけですよ。でも、ぼくは大学へ行っているけど、ちゃんとは出ていないんですよ」

「じゃあ、ドロップアウトですか？」

「いや、苦学生だったんですよ」

また、一栄さんがやってきた。

「あなた、若い人にうそを教えないでくださいね」

「わかった、わかった」

高橋信次は昭和二十九（一九五四）年に、当時二十歳だったこの正直者の一栄さんと結婚し、その後、ふたりの娘をもうけている。結婚当時の高橋信次は、小さな工場をやっている食うや食わずの若者だったらしい。埼玉の一栄さんの両親は、この若い夫婦を心配して、それとなく米や野菜を届けている。

そこまでが私の把握している高橋信次の履歴であるが、幼少のころについては、本人が著書に書いていることを紹介するしかない。

高橋信次は昭和二（一九二七）年九月二十一日、長野県の農家に十人兄弟の次男として生まれている。小諸《こもろ》から佐久《さく》盆地を車で三十分ほど南下した佐久平《さくだいら》に生家がある。兄や姉はだいぶ苦学したらしいが、高橋信次の幼少時代は比較的恵まれていたという。

十歳の九月になって、高橋信次は臨死体験をしている。

毎晩夜八時になると、しゃっくりが出て呼吸が止まり、心臓も停止し、唇がぶどう色になって、体が動かなくなった。母親は高橋信次に口移しで薬を飲ませようとしたが、体がまったく受けつけなかった。

高橋信次の意識は自由に遊んでおり、心配している母親と不自由な自分の体を何とかしたいと思ったものの、どうにもならなくて歯がゆかったという。

たび重なる発作を心配した信心深い父母は、あちこちの神社にお参りに行ったり、頭にお灸をしたりした。

その状態での高橋信次は、すでに亡くなっている人や、立派な建物でオリンピックのように世界中の人が生活している光景を見に遊びに行っていた。そして、

「お母さんがあわてているのも、名前を呼んでいるのも知っているが返事ができないんだ」

と語っている。やがて、この発作が起きなくなると、高橋信次は、

「あのときのもうひとりのぼくは何者なんだろう」

という疑問を持つようになった。小学生の彼は、母親から家の裏にある小さな神社の掃除を言いつかっていた。毎朝六時と夕方六時に掃除に行き、それが終わると社《やしろ》の前で一心に祈

った。

「あのときのもうひとりのぼくは何者なのか教えてください」

神さまが答えてくれるように、三年間祈り続けたが、答えはなかった。

発作が起きていたころ、母親と千葉県の成田山にお参りに行っている。そのときに黒衣とまんじゅう笠の見ず知らずの旅僧から声をかけられ、

「病気のことは心配するな。近々治る。お前の目は二重孔である。いっしょうけんめい勉強すれば必ず霊力を持つようになろう」

と言われ、母と一緒にきょとんと聞いていた。

この二重孔というのは、普通の目の裏側に霊を見る目があるという意味である。霊能力者には二重孔が多い。そして軽い斜視をともなっていることが多い。高橋信次は、軽い斜視であった。相手の霊を見るとき、斜視の度合いが強くなるのを、私は何度も確認している。

最近になって私は気づいたのだが、霊を見るときの高橋信次は、目の焦点を向かっている相手の位置の前後に動かしていたのではないかと思う。最近、本屋に行くと3Dグラフィックというのがたくさん並べられている。コンピューターで作られたこの3Dの本を見るには、焦点を本の後ろか前に合わせなければならない。後ろに合わせるのを平行法、前に合わせるのを交差法と呼ぶ。憑依霊のモヤモヤを見るには交差法が都合がいいようだ。そして、当時の高橋信次が守護霊と対話をしていたときの目つきを今思い返してみると、平行法を使って

いたように思う。

神社の掃除に行っている最中に、高橋信次は成田で会ったのと同じ姿の僧に出会っており、

「心というのがすべての元である」

と教えてもらったという。

昭和十二（一九三七）年の盧溝橋《ろこうきょう》事件をきっかけに日中戦争が勃発した。高橋信次が十歳のときである。翌年には国家総動員法が制定され、日本は戦争の道を突き進んでいった。

「国家のために死のう」

と覚悟した高橋信次は、野沢中学（現在の野沢北高等学校）を二年で中退して、陸軍幼年学校に入学した。当時の陸軍幼年学校というのは大変なエリートコースである。幼年学校から士官学校に行けば、軍の幹部になることは保証されたも同然であった。国から給料をもらいながらの勉強だったので大いに助かったという。

やがて上級学校に行くと、飛行機乗りとして必要な数学、化学、物理、地質学、電子工学、磁気学などを学ぶようになる。本来、理科系は苦手だったそうだが、のちにこのときの勉強が生活を助けるようになっていく。

終戦直前に航空兵として出撃したらしいが、詳しいことは語っていない。

高橋信次は軍隊生活について、きびしいしつけとわがままの許されない規則正しい生活は人間の進歩に役立つとしているが、軍国主義についてはするどく批判している。

天皇の名のもとに、人間同士が殺し合うことを認める皇国史観《こうこくしかん》は、餓鬼道《がきどう》の世界であり、さらに近代兵器や原爆による破壊は、おろかしいだけでなく、私たちが修行する地球という場所を破壊しかねない危険なものであると、よく話していた。

「神国日本がなぜ敗れたのだろう」

というのが、青年高橋信次の疑問だった。

焼け野原となった東京。そして広島と長崎の悲惨な原爆の爪あと。人々は、大きな犠牲を払って敗戦を迎え、自立不可能な状態に陥っている。

神がいるなら、こんな状態を招かないはずである。それならば神に見放されたのだろうか。いや、違う。国家意識のあり方に問題があったのだ。

明治以降、軍閥が生まれるようになり、人々の自由、思想を束縛するようになっていった。神と仏を分離し、天皇を現人神《あらひとがみ》としてあがめて、国家意識の高揚を図った。神の名を利用した無謀な指導者たちは、大衆に犠牲を強いて、自らの首を締めた。誤った思想が多くの人を狂わせた。これが戦争で得た高橋信次の結論である。

物理の知識を生かして会社を興す

昭和四十五年ごろの日本人は、一般的には、日本が戦争に負けたことを「終戦」というふうにあいまいに表現するのが常識であり、「敗戦」という言葉は、一部の左翼しか使っていなかった。しかし、高橋信次は「敗戦」という言葉をよく使った。高橋信次の言う「敗戦」という意味は、左翼のそれとは違っていたようだ。

つまり狂った指導者たちによる歴史観と、その結果、友人を含めて多くの人々が死んだことに対する痛烈な批判だったのである。そして高橋信次の頭の中には、よくありがちな「多くの国民の犠牲によって」という考えはなかった、戦争で死んだ敵、味方を含むあらゆる人類の犠牲に対して、広い国際的な視野から、皇国史観を批判したのである。

敗戦により、価値観を百八十度変えた高橋信次は、勉学にはげむようになる。

復員のときにもらったお金が二千三百円だったという。父親から牛一頭をもらって上京し、兄のところに転がり込んだ。その牛を東京の食肉センターに売ったのだろうか。とにかくそれだけが資本だったという。大学入試の認定試験に合格し、日大の工学部に入学した。

子供のころは理科系は苦手だったが、軍学校時代の勉強で、物理や化学の極微の世界から、極大の宇宙への興味がひらいた。

当時は食料難の時代である。高橋信次は百姓の息子だったので、都会出身の学生よりは恵まれていたと思われる。しかし、勉学をするお金を稼がなければならない。最初のうちは使い捨てられた食用油を集めて、石鹸を作って売るということなどをしていたが、同級生の佐藤寛《かん》さんと協力して、ラジオや電蓄（電気蓄音機）を作りはじめた。その結果、経済的な心配がなくなったという。やがて小さな工場を借りて自営の電気製品工場をはじめた。これがのちの高電工業の原型となった。

学生時代の高橋信次は、学友たちに神や仏のことばかり話すので、「哲学科へでも行けよ」とよく言われ、なかば変人あつかいされたようであった。しかし宗教書を読むことはなく、電気の実験をしたり、エネルギーの法則を勉強したりというかたちでの、神や仏の追究だったようである。

そのころ、学友と女性のことやセックスについてよく語ることもあり、それが心を占領し悩むようになったと語っている。高橋信次も自然な本能を持つ若者だったのである。

高橋信次は詳しく語っていないが、日大を卒業できなかったらしい。私の推測だが、宇宙と物理学と心の関係についてのややこしい卒論を提出して、教授に馬鹿にされたのではないだろうか。現代ならばそういった卒論をおもしろがる教授も多いだろうが、もし当時、そういった卒論が提出されれば、卒業は不可能だったろう。

高橋信次はやがて電気店に勤めていた市川一栄さんと結婚を約束し、自分の将来を四十五歳に至るまで予言している。ということは、高橋信次独自のバイオリズムの計算法が、すでにこのころまでに完成されていたことになる。詳しい内容については、一栄さんに聞くしかないが、昭和三十年に事業に失敗することなども予言している。

とにかく一栄さんとの結婚は、予言通りの経済的に大変な状態の最中に行なわれた。昭和二十九年だった。取り引き先の社長が結婚にあたって、その苦境を助けてくれたという。高橋信次は自分の未熟さが経営の失敗を招いたと反省している。

結婚をして小さなアパートに住んでいたが、高橋信次の予言がよく当たるというので、この若い夫婦を訪ねる人々で部屋がいっぱいになる日がよくあった。一栄さんは高橋信次が語る神や仏に関して、否定も肯定もしなかったという。

そのころ、一栄さんの兄が腎結核になり、兄夫婦は『創価学会』に帰依した。兄は昭和医大での手術で人造膀胱を埋め込み、一命を取りとめた。兄夫婦はお題目《だいもく》のおかげと狂喜し、兄弟たちを創価学会に入会させた。最初は純粋な信仰だったが、折伏《しゃくぶく》という、相手が帰依するまでしつこく入信を迫る教えを実行するに至って、高橋、市川の兄弟たちの半分が狂信的になり、心が安らぐことがなかったという。

信仰をしていない人は何ともないのに、信仰をしている人々のほうが「仏罰があたる」という恐怖と同居しているのを見て、高橋信次は彼らのあわれさを痛感している。

当時の創価学会は「折伏大行進」という布教活動を盛んにやっていた。現在の創価学会からは想像もつかないが、知り合いの家に夜遅くまで押しかけて、相手が入信するまで迫るという活動であった。もちろん仏法のことなどよくわからない未熟な会員が折伏を行なうのであるから、いきおい「創価学会に入れば商売繁昌につながる」とか「病気が治る」とかいった現世利益的なさそいが主であった。理性的な人々からはかなり反発を買った「折伏大行進」であったが、それでも創価学会の会員数はいちじるしく増えたものである。

「釈迦の法力は力を失い、天台の法華経も、現代社会では人を救うことができない」

と語る創価学会に入った若い兄弟たちに対して、

「それでは、釈迦の教えを説く法華経を拝《おが》むのはなぜだろうか。法華経に出てくる釈迦や舎利仏とは日蓮のことなのだろうか？」

と率直な疑問を投げかけている。

一方で、高橋信次は東京・大森に工場を構え、事業はどんどん軌道に乗っていった。現在のコンピューターの原型にあたるアナログ型の各種の制御装置を作るようになり、磁気を利用した磁気記録装置などの電気製品も手がけた。医学の知識もあったのでさまざまな脳波計も作っている。

大手の電気会社の下請けの仕事も安定して入るようになり、ある会社を通じて、新幹線の自動制御装置を製作するまでになった。

高橋信次は将来のデジタル時代を予測していた。私が彼のもとを訪ねるようになったころ、プラスとマイナスの電気のしくみ、そしてそれだけでは解決できない熱や磁力の傾向性についてよく話した。また当時、進んだ物理学者にしか理解できなかった特殊相対性理論、反粒子、加速器の原理などについても、私たちにわかるように噛みくだいて話した。難しい物理の本を読んでさっぱりわからないことでも、高橋信次に聞くとあっさりとわかったような気になった。今考えてみると彼は一流の物理学者であった。

一般の人がコンピューターのデジタルのしくみを理解しはじめたのは、昭和五十（一九七五）年ごろからである。高橋信次は実によくコンピューターのしくみを知っていた。

「スイッチを入れれば電気が流れて、消せば切れます。それを利用して計算をするのがコンピューターです。コンピューターは人間と違って疲れませんから、正しい命令をすれば黙って計算します。しかし命令するのは人間です。この命令を間違うと人間はコンピューターの奴隷になってしまいます」

高橋信次はコンピューター社会の到来を予測すると同時に、そこから発生するであろう弊害も予測していた。

また、コンピューターではコントロールできないファジーな世界についてもよく語っていた。

「人間の脳は体の細胞のコントロールセンターです。微量の電気を利用して信号を伝達しています。脳というものは現在のＩＣ（集積回路）をいくら集めてもかなわない能力を持っています。ところが、こんな優秀なコンピューターである人間の脳がコントロールできない領域があります。それが人間の意識であり、四次元、五次元という高次元の神の意識の世界です。技術の進歩はＩＣをどんどん小さなものにしていき、やがて生物の細胞を利用したＩＣ回路にまでたどり着くでしょう。しかしそれでもコンピューターは脳にはかないません」

日本で初めてパソコンが発売されたのが昭和五十五年ごろだと思う。高橋信次が亡くなってから数年ののちである。

ＮＥＣがそのころ作ったＰＣ６０００という器械は、ＮＥＣのパソコンの一号機種だった。当時はマイコンと呼ばれていたのだが、今の子供たちが数千円で買ってくるコンピューター・ゲームよりも能力が低かった。

その後、この会社が作った製品が、ＰＣシリーズとして世界のパソコン市場を二分しているのはご承知の通りである。

高橋信次が生きていたら、私はこの会社の技師を紹介したかった。彼らがＰＣを手がけるより十年も前に、高橋信次はパソコンの便利さを予測し、自分が開発したバイオリズム計算器をデジタル化しようとしていたのである。

高橋信次がＧＬＡを作ることに踏み切ったのは、電子工学の側面から考えれば残念なことである。今日のコンピューター社会をもう一歩前進させる力を持っていた人物であるからだ。

守護霊の出現と悟り

昭和四十三（一九六八）年には高橋信次の実父が亡くなっている。

高橋信次は仏壇の前に座って瞑想するのを日課にするようになった。

同年二月五日の午前一時、これから起きるであろうことの前兆があった。仏壇にろうそくを灯して瞑想していると、本来なら三センチほどの炎が二十五センチくらいになり、先がふたつに割れた。室内には風はなかったし、温度の変化もなかった。やがて炎は蓮の花の形になり、つぎに蓮の実の形に変わった。高橋信次はあわてて、寝ていた一栄さんと弟の興和さんを起こして、炎を確認させた。ふたりは呆然としてその現象を見ているだけだった。

そのころ、八起ビルの建設が始まり、仕事はかなり忙しかった。八起ビルにはサウナや超音波風呂を導入して、電気の事業だけでなく、風俗の事業に進出しようというもくろみだった。

七月三日、霊的現象を否定していた一栄さんの弟が、

「私にも霊的なことができるだろうか」

と言い出したので、深夜に実験する約束をした。義弟に向かって手をかざして祈ると、彼の口から昔の侍の声が出てきたという。

その霊によると、高橋信次の十四代前の先祖で、侍だと言う。佐久の千石平の林の中の塚に自分と息子の首と刀があると言う。

のちに高橋信次はふるさとの佐久の人にそのことを話し、塚の中から、ふたつの首と錆びた金物が出てきたことを確認している。

高橋信次は初めての霊道現象に直面して、子供のころから探していた「もうひとりの自分」というのが、このことではないかと思った。

続いて七月五日には、この霊が義弟の口を通して、

「この者が、四十年の二月、自動車事故を起こして七日間意識不明になっていたとき助けたのは、このわしである」

と話した。義弟が義弟のことを、その口を借りて話すのだから、「やらせ」だろうとも思えるが、高橋信次は「見えない世界」なので、その言葉を聞くしかなかったと語っている。

その後、義弟を病院に連れていき、脳に異常がないことを確認している。

さらに七月七日になると、外国人の霊が出現した。ワン・ツー・スリーと名乗る霊とフワン・シン・フワイ・シンフォーと名乗る霊が、外国訛りのある日本語で話してきた。高橋信次の守護霊だという。

このくだりがおもしろいので、高橋信次の著書からそのまま引用させていただく。

「ワン・ツー・スリーや他の霊が入れ換わり立ち換わりその肉体を支配している様子である。私と顔を合わせるなり、

『私は、ワン・ツー・スリー、あなたは今まで何をしていましたか』

と言った。義弟が、今までのように瞑想しなくとも、意識を支配してしまっている。

『はい、私は浅草の建設現場で打ち合わせをしておりました』

と私は答えた。するとまた雷を落とされた。

『あなたはまた嘘をついている。現場には昼間までしかいなかったはずだ。それから役所に行き、時間があったので暇つぶしにパチンコをやり、ハイライトを三個持っているはずだ。なぜ嘘をつくのか』

ワン・ツー・スリーは訛りのある言葉で、そう私の心を見通す。心の自由や行動の自由などあったものではない。

『はい、その通りです』

と答える以外にない。どちらが社長か従業員か解らない。姿は義弟なのだ。しかしどうにもならない。追及はまだ続く。

『それからどうしました』

『約束をした友達と打ち合わせに出かけました』

『どこへ行ったのか』

『はい一杯飲みに行きました』

と答えたが、私は打ち合わせをかねて友人の指定の料理屋で芸者をあげて仕事から逃避をしていたのであった。付き合いで、得意先の希望であった。どうにも避けられなかった。だが、行ったことは事実だ。

ワン・ツー・スリーは、このときの芸者の名前から、私の考えまで、家族の前で指摘した。私は、嘘はつけないと、このときほど実感を持ったことはなかった。

私の最後の悪あがきかもしれない」（『心の発見・現証篇』三宝出版）

高橋信次は七月初めのこの数日間に、義弟の口を借りた霊から毎日心の中を見通され、八キロほどやせている。そして、七月九日に守護霊から「三日のうちに悟れ」と命令されている。高橋信次は必死の思いで有名なお坊さんたちを訪ねたが、答えは得られなかった。

すっかりあきらめて、約束の日に家に帰り、一栄さんに、

「今晩は殺されるかもしれない。どのような現象が起こるかわからないが、私はもう大丈夫だ。今日まで苦しんできたが、今からワン・ツー・スリーやシンフォーと対決をして、もし悪魔なら善に変えてやろうと思う」

と話した。

高橋信次は、その三日間、お坊さんたちを訪ねながら自分の心を自問し続けた。外見だけを飾ろうとして、刹那刹那の生活を過ごしてきた今までの自分は汚れた人間であった。執着と偽善のかたまりだった自分を発見した。

醜い自分に気づいたとき、心がすがすがしくなり、約束の日には最善を尽くそうと決意したと書いている。

高橋信次が一栄さんにそう話したとたん、胸の中から、

「今のような心を忘れるな」

という声が聞こえてきた。

今まで義弟を通じて通信してきた守護霊が、その日を境に高橋信次とダイレクトに交信するようになった。守護霊は高橋信次の心が正しく変わったことを祝った。

その後、ワン・ツー・スリーとフワン・シン・フワイ・シンフォーが本名を名乗った。モーゼとイエス・キリストだという。

高橋信次の性格を見抜いていた守護霊は、最初から本名を名乗れば、むやみと聖書を読みあさり、その結果、正しく悟れなくなると考えての配慮だったという。

同年九月になると、妹の星洋子さん、続いて一栄さんに守護霊が出現し、古代インド語を交えて、神の世界のしくみや、人生のしくみを説くようになっていった。

ＧＬＡの成立と高橋信次の死

妹の星洋子さんの守護霊は観世音菩薩（アヴァロキティシュヴァラ）と名乗った。さらに、古代エジプト語、中国語、アトランティスの言葉などを話す守護霊が出現するようになり、人間の過去生のしくみについて話しはじめた。

一栄さんには弥勒菩薩（マイトレーヤー）が出現し、釈迦の時代のインドの修行の様子を詳しく話しはじめ、宗教のあり方や、心のあり方を説きはじめた。

話を聞きつけた知り合いが訪ねてくるようになり、過去生を思い出して当時の様子を話す人々が、実験のつど増えていった。

そのうちにワン・ツー・スリー（モーゼ）が本を書くように勧めはじめた。高橋信次は守護霊たちが語る神理をもとに『心の原点』（三宝出版）という本を書いた。

モーゼやキリストは、その内容を祝福し、天上界でお祝いの会を開いたという。

高橋信次の家族を中心に、モーゼやキリストやマイトレーヤーなどの大物が出現していることについて、「守護霊たちは法を伝えるための核として、一か所に集中して出現するのだ」と語っている。

過去生の言葉を話す人々は、その後、知り合いの東京中央区の八丁堀の大島屋の家族に出現し、さらに東京周辺にいくつかのグループが出現した。

高橋信次は仕事明けの土曜と日曜に、自宅で過去生の実験をするようになった。しかし人数が増えてきて、大田区大森にあった高橋信次の自宅にはとうてい入り切れなくなるようになった。

ある日、高橋信次は指導霊から、

「身体の垢を落とすところは世界中にたくさんある。お前は自分の使命を忘れている。心の垢を落とす大仕事をしなくてはならないのだ」

と言われた。

サウナ風呂店を始める計画を急遽変更して、三階のサウナ客の休憩室を改造して集会所にした。

昭和四十五年の十一月になって、高橋信次はこう言う。

「今までは、お金のことを考えずに正法を伝える活動をしてきたのですが、これをもっと広く伝えるには、会を作ってしっかり維持していかなければなりません。事務員にもちゃんとした給料を払って、しっかりした名簿を作ることも必要です。今度から会員制にします」

これがＧＬＡ（ゴッド・ライト・アソシエーション）の出発である。ゴッドは神、ライトは光、アソシエーションは会の意味である。

その後、高橋信次は他の宗教団体のアドバイスで、ＧＬＡの名前で宗教法人の申請をし、昭和四十八年に認可を受けている。

ＧＬＡには宗教遍歴を経てきた人々が集まることが多かった。『生長の家』や『創価学会』『白光真宏会《びゃっこうしんこうかい》』などの新興宗教の信者も多かったし、既成の仏教、キリスト教に属している人間も参加した。

高橋信次は、これらの人々の間違った信仰や世界観については指摘したものの、その団体から脱会するようにと勧めることはめったになかった。

観音寺の村上和尚などは、真言宗の豊山派の僧侶だったが、高橋信次に帰依しながら僧籍を維持していた。もっともこの人はのちに、豊山派を返上している。「神仏に対する感謝の気持ちが大事だ」という講話をしたところ、本山から「仏教には神はいない」といういちゃもんをつけられた。仏典には神が記述されているとして証拠を挙げて反論したものの、処分を受けた。いや気がさして本山を離脱して独立寺になった。観音寺事件として地元では有名である。

また初期のころから帰依していた関芳郎さんや、ブラウン夫人（名前を失念）がアメリカの西海岸に拠点を持っていたところから、アメリカにも帰依者が現われはじめた。はるばる日本まで飛行機で通ってくる人々が結構いたのである。大部分が日本人であったが、ボストンの脳神経科の女医であった山本三幸さんが、GLA誌に連載された高橋信次の文章を英語に翻訳するなどの努力をし、若干数のアメリカ人の帰依者も現われている。昭和四十六年の夏、GLAでは栃木県の修験道の拠点、出流山《いずるさん》で三百人を集めた心の研修会を開いている。禅定《ぜんじょう》を中心として、心の汚れを取り除く研修であった。この研修会に大阪の『瑞法会《ずいほうかい》』という教団の幹部がふたり参加している。

高橋信次はすでにこのふたりが、『瑞法会』会長の中谷義雄さんの命令でGLAを調査に来ていたということを察知していた。『瑞法会』は『霊友会』系統の教団で、大阪に本部を構えている信者数三万人ほどの団体であった。

ふたりからテープレコーダーへの録音を求められたので、高橋信次は次のように吹き込んでいる。

「あなたたちの教団の会長は、法華経をもって先祖供養で信者を導いているが、壁にぶつかっています。現代仏教に対する大きな疑問を持っているのです。霊的能力もないし、いかに信者の幸福を導くかについて自信がないといっています。心を忘れた仏教は、すでに神理ではなく、形式的な他力本願です。そのため、何とか本物にめぐり会いたいと思っているのです」

大阪に持ち帰られたこのテープを聴いた中谷会長は、心を見透かされたことに驚いた。翌月、東京に高橋信次を訪ね、宿泊先の観音寺で高橋信次への帰依の申し出をしている。中谷さんは大阪に戻るとすぐ幹部会を開き、教団ごと高橋信次に帰依するという結論に達した。宗教界ではめったに起きない珍事である。

『瑞法会』の帰依に勢いづいたGLAは、全国をブロック分けして本部を置き、高橋信次は講演で全国を飛びまわることになる。高電工業の経営も兼任していたが、従業員の結束は堅く、会社が傾くことはなかった。社長づらをしていばらない高橋信次の人柄もひと役買っていた。もちろん、教義と経営とのあつれきを感じていた従業員はいたが、高橋信次のカリスマ性が結束の原動力となっていたといえる。彼の死後まで、そのあつれきは表面化しなかった。

ＧＬＡに集まる人々の数は爆発的に増えていった。しかし信者からしっかり金を取るとか、講演の参加者の奉加帳《ほうがちょう》をまじめに取るなどということはなかった。事務員が、

「現在の会員は三千人ぐらい」

と言っていたのを聞いたのが、昭和四十七年ごろだったから、正式な会員は一万人にも満たなかったのではないか。しかし世間ではＧＬＡの会員は十万人とも、十五万人ともいわれていた。講演会に集まる聴衆の数から類推すれば、優にそういった数を超えていた。

そのうち高橋信次はしきりと、

「時間がない。残された時間があまりにも少ない」

と言いはじめるようになった。四十八歳での死が避けられないということを予感するようになったのだろう。

高橋信次は後継者を探すようになった。『瑞法会』の会長の息子などをはじめ、若い男性数人に期待したが、みな、その器量ではなかった。

『幸福の科学』の大川隆法が、自分は高橋信次から指名された後継者だと語っているが、そのような事実はない。高橋信次が考えていた後継の可能性のある若者の中には、大川もしくは、その本名の中川という名前はなかった。

昭和五十一（一九七六）年の三月に、高橋信次は『太陽系霊団』の構成を和歌山県白浜での研修会で発表、同時に『月刊ＧＬＡ』にその内容を掲載した。自身のことは、三億六千五

百年も前に天使たちを従えて地球に降り立った指導者エル・ランティだとしている。そして、娘佳子がエル・ランティの正法を伝える天使長ミカエルとして、GLAを引き継ぐという自覚を得たという。

佳子に対し、

「よろしくたのむよ」

と言って、昭和五十一年六月二十五日に死去した。

〔第四章〕

高橋信次は何を目指していたのか

高橋信次の悟りとは

高橋信次は何をしようとしたのだろうか？

彼の教えの内容については、三宝出版から出ている数多くの著書を入手すればおおむね理解できると思うので、この章では重要な点だけに触れることとして、私なりの立場で簡単に検証してみたい。

読者の中には、神仏という言葉を使っている高橋信次の教義を不審に思う人が多いと思う。ここで、神という言葉について少し考えてみよう。

さて、仏教が生まれたインドの当時の事情はどうだったろうか？

釈迦は菩提樹のもとで悟ったのち、どうしようかと思案した。この悟りの内容を人々に伝えるのは不可能だ。このまま死んでしまおう。そこに現われたのが神々のひとり、梵天《ぼんてん》であった。釈迦を説得するために、右の膝を地面につけ、上着を一方の肩にかけて合掌した。

「世尊《せそん》よ、どうかその法を衆生《しゅじょう》に説いてください。法を理解できる人は必ず現われます」

この梵天（ブラフマー）という存在は神々のひとりであり、天界に住む存在である。無色天、色天、欲天の三つの天界があり、梵天は真ん中の色天の四つに分かれた階層の、一番下に住んでおり、「娑婆《しゃば》の主」とも呼ばれ、この世に法を説く仕事をしている。したがって、悟りのあとの釈迦の前に当然、出現する存在なのである。

インドでの絶対神はブラフマン（宇宙の最高原理）と呼ばれる。これは西洋の絶対神であるエホバやアラー、あるいは英語でゴッドと呼ばれている存在と同じものである。

そして、インド語で神々と呼ばれる存在は、ブラフマンのことではなく、天界の存在である。西洋の天使たちと同じ存在である。

絶対神の考え方は、釈迦が誕生する以前のインドですでに確立されている。主宰神であるブラフマン（梵）と、個体に存在するアートマン（我）の関係などは、日本の高等学校の教科書にも出ている。

したがって、インドでの釈迦の時代の神の概念は、西洋の唯一神、創造神とまったく同じものであった。

さて、インドの仏教はおなじみの三蔵法師と呼ばれる仏典訳者たちの手を経て、中国語に訳された。

この翻訳作業が開始されたのは、釈迦が死んでから五百年以上も経ってからであった。数多くの仏典が訳された。当時の中国には西洋の神は知られていた。同じものとして仏を対置するという方法で訳したので、神という言葉と仏という言葉がこんがらがっている。だから仏典に書かれている仏や釈迦という言葉は、神である場合がよくある。東京大学の研究者たちを中心とする日本人学者の努力でそれがわかったのは、つい最近のことだ。

戦後のインド諸語（サンスクリット語、パーリ語、チベット語など）の原典の研究が進むにつれて、神と仏のこんがらがりが少ない現代語訳が生まれるようになったのである。

つまり、中国では仏教から神の概念が削られていたのである。


次に日本での事情について——。

明治政府が寺院を壊したり、燃やしたりするという過激な皇国史観を導入するまでは、神社とお寺は仲よく同居していた。庶民にとって神仏を拝むというのは日常的なものであり、神仏という言葉はまったく自然なものであった。しかし、日本でいう神は神社で祀っている天照大神《あまてらすおおみかみ》などの神さまである。僧の側から見ても、江戸時代までは神仏という言葉は自然であったが、明治以降の神社に対する恨みから、神という言葉はだんだん使われなくなっていった。

さらに、空海、最澄、道元、法然、親鸞、日蓮などの仏教家を教祖とする〇〇宗が乱立しているのが日本の特徴であり、独自の仏教観が生まれる下地を作った。

つまり〇〇宗の開祖者を仏教の改革者とは考えずに教祖として拝むようになり、その向こう側に存在する釈迦を神格化してしまったことである。そして、何となく釈迦は神よりも偉いのだという感覚を持ってしまっている。釈迦如来《にょらい》の如来というのは、「悟った人」という意味なので、いつでも出現する可能性を持っているのであり、神ではあり得ないのだが。

さらに大事な問題だが、日本の仏教は絶対神としての神をほとんど知らずに発展してきた。インド、チベット、中国という距離的にも時間的にも長い伝達ゲームの中で、「絶対神としての神」が欠落してしまったからである。

空海、最澄、道元などの中国への留学組は、キリスト教やイスラム教についての知識もあるので、宇宙の創造原理が神であることは当然知っていたが、親鸞、日蓮などの国内組は、創造原理が神であるなどということは思いもおよばなかったであろう。

鎌倉仏教というのは、日本と海外とのリンクが切れた時期に生まれた。彼ら国内組にとっての創造原理は天照大神やイザナミ、イザナギであった。日蓮が書いた文字マンダラにそういった日本の神々が書かれていることでも、当時の彼らの気持ちは手に取るように理解できる。そして、彼らは釈迦を創造神のようにとらえていたのではないかとも思える。ちょうど中国人がそうであったように。

したがって、「神仏」という言葉を平気で使う高橋信次を、浄土真宗や日蓮宗の人が受け入れるのには、かなり抵抗があるのではないかと思う。

その点、天台宗や真言宗などに属している人や、キリスト教に属していながら、その教義に疑問を感じている人にはとても納得しやすかった。なにせ、彼らの開祖たちが諸外国の事情に明るかったからである。

さて、高橋信次の悟りはとても簡単だった。しかし、それを自分のものにするのはとても難しいものだった。

つまり、中道《ちゅうどう》をものさしとして、八正道《はっしょうどう》を自分のものとして、正しいバランスのとれた生活を実践するというものである。

「なあんだ、釈迦が言ったことと同じじゃないか。じゃあ、悟りではなくて著作権法違反だ」

などという声が聞こえてきそうだが、高橋信次は独特の超能力や夢テストなどで、中道を知っているとうそぶく人々に、これでもかこれでもかと、その理解のいいかげんさを説き続けた。

「中道とは創価学会や公明党が言うような、右と左の真ん中という意味ではありません。地獄も天国も知り尽くしている人が、この宇宙と調和する偉大な知恵でつくり出す本当のバランスです」

中道というものさしは自分で作るものなので、どうしても自己本位になってしまう。心という目に見えないものを計るものさしだからだ。

では、神が与えてくれないものなのだろうか。

高橋信次は言う。

「私たちは、自分の意思で修行の場を選んできたのです。魂を向上させると約束して、この世に出てきたのです」

したがって、神や他人がものさしを作ってくれることはあり得ないことなのだという。

「親が勝手に産んだのだ」

という意見に対して、高橋信次は問う。

「使命を忘れて、自分ひとりで生きていけますか。太陽があらゆる人に熱と光を与えてくれるのと同じで、あなたの両親は、あなたを大事に育てたはずです。あなたは、両親に対して今まで育ててくれた下宿代を払いましたか」

八正道についての解説書は大きな本屋に行けば何冊も並んでいるので、説明の必要はないであろう。

ただし一般のお寺に行っても、その解説ぐらいはしてくれるだろうが、八正道を完全に修行している僧侶は皆無に近いので、具体的な修行の方法を教えることのできる人に会うのはまず不可能であろう。彼らはただ、その字づらの意味を解説することしかできない。

高橋信次は八正道のひとつひとつの意味を、相手に合わせて説明する能力に優れていた。そして相手の心の動きを読みながら、どれだけ自分のものになっているかというマン・ツー・マンの指導が可能だった。

「あなたは今『正しく語る』修行をしているけど、昭和○○年の○月○日に『○○○○』と言いましたね。それがあなたのくせです。あなたはうらみがましいことを言う傾向があります。自分は不幸だと子供のころから思ってきた傾向が、『正しく語る』ことを邪魔しています。そのためには相手の立場を思いやることが必要です。あなたが子供のころの昭和○○年の○月○日に、お友だちに同じく、『○○○○』と言いましたね。そのことで友だちはどれだけ傷ついたか理解できますか」

というような具合で、きわめて具体的であった。しかし指導されるほうは、何度やっても自分のくせから抜け出せない。

たとえていえば、水泳や自転車乗りの練習に似ている。できてみれば簡単なことなのだが、できない人にとっては夢のようなものである。

私も、この八正道を実践しようという気持ちを起こして、十年近く自分ひとりで修行してみたが、自分は悟りにはほど遠い人間だなと理解した。そして、八正道を完全に習得した人が身近にいない限り、独学ではほぼ習得不可能であることもわかった。

「天国の門に入るのは駱駝《らくだ》が針の穴を通るよりも難しい」

という聖書の言葉があるが、私にとって八正道の修行は、それよりも難しく見える。

しかし、これは仏門に入る最低条件である。八正道という一番簡単な修行もちゃんとしない大量のお坊さんが世にあふれているのを見ると、呆然としてしまう。

難しい教理を勉強するのに時間が取られすぎて、基本的な心のコントロールを忘れたままの、心が未熟なお坊さんが量産されている。教理などは勉強しなくてもいいのである。本当の思いやりのある心をひとつ持つことのほうが、はるかに大きな進歩である。

「人生をどう生きたらいいか」への解答

八正道を実習するうえで、高橋信次は色心不二《しきしんふに》、あるいは色即是空《しきそくぜくう》の理解を求めた。

仏教のエッセンスといわれる般若心経《はんにゃしんぎょう》は、あらゆる宗派で好んで読経されるが、昔から仏教家の頭を悩まし続けたのが、

「色即是空、空即是色」

というくだりである。

高橋信次が登場するまではナンセンスな解釈が多かった。いわく、

「煩悩《ぼんのう》は空虚なものである。空虚なものが煩悩である」

今でもテレビに出て、よく仏法講話をたれている有名な僧侶の解説である。

あるいは主流であったのは、

「この世の姿は仏の目から見れば空っぽである。意味のない空っぽにこだわるのがおろかな人間である」

というものであった。これじゃ何が何だかわからない。

中には色を「色ごと」と解釈して、

「男と女の仲というのは本来、空《むな》しいものだ。空しいものが男女の仲だ」などという変てこなものもある。東大の印度哲学科を出た有名な宗教評論家による解説である。

昭和四十七（一九七二）年に高橋信次は『原説・般若心経』を執筆した。この本が世に出るとともに、今までわけのわからない解説をしていた仏教家はあわてふためいた。前述のような意味不明の解説は少なくなり、サンスクリット語の元の意味を調べ直す風潮が現われはじめた。高橋信次と同じ結論を難しい仏教用語で解説した本も現われるようになった。

また、水上勉や瀬戸内寂聴などの文学畑の人々による解説書も出るようになり、でたらめの解釈は通用しにくくなってきている。

高橋信次は、色《しき》とはこの世（現象界）のしくみであり、空《くう》とはあの世（実在界）のしくみであり、神の姿の現われである、と説いた。そして、その法則が宇宙のしくみであると説いた。この法則は物質とエネルギーの関係に置き換えることもできる。

わかりやすい例として、高橋信次はアインシュタインの一般相対性理論の数式を黒板に書きながら、説明することをよく行なった。

$$E = mc^2$$

Eがエネルギー、mは物質の質量、cは光の速度である。

したがって、Eが空を表わし、mが色を表わす。

人間が知覚できないこういった世界の中にも法則があり、そういった精妙なしくみが私たちが住んでいる地球と宇宙に厳然と存在している、というのが高橋信次がいつも説明したことだった。

さらに、守護霊は光子体の体を持っており、物理学でいう反物質的な存在だ、と言う。つまり、一九三二年にアメリカのアンダーソンによって宇宙線の中から発見された反電子のようなものだ、と言う。さらに続けて発見された反陽子や反中性子により、反物質の存在が明らかになってきた。

高橋信次は、そういった話をしながら、守護霊は反物質的だと説明した。もちろん守護霊は、この世の法則とは違う世界の存在なので、次元が違う。正確にいえば反物質からできている存在ではないのだが、理解を助ける意味で、最先端の物理の法則を援用しているのだ、と言った。

「こういった反物質の世界もやっとわかりかけてきたのですが、あの世の世界は、それとは次元が違っていて、現代の科学力では説明しきれません」

そしてこれらの精妙な働きを支配するエネルギーこそが、意識であり、その意識を支配するのが神である、と語った。

八正道の実践をする場合には、そういった宇宙のしくみ、つまり「色即是空」の中に私たちが存在しているのだということの理解を、まず求めたのである。

八正道の八つの道の実践は言葉の上では簡単であるが、中道というものさしの目盛りが見えない私たちにとっては、大変な作業である。

八正道の第一項目は「正しく見ること」である。「正しく見ること」といわれても、正しい見方がどういうものであるか、凡人には理解しがたいことである。

マスコミの報道はどうか。訓練を受けているはずの記者たちが、マスコミで発表する記事には実にミスリードが多い。その上、日本には記者クラブという独特の制度があって、大手のマスコミ十五社が報道の権力を握っている。毎日のように記者クラブの中、つまり密室で報道協定が行なわれている。要は、建設業者の談合と同じようなことが行なわれているのである。談合を行なっている記者たちが、入札の談合を批判する記事にしたりするのだから、そこには迫力がない。

そういった構造の中で、正しい記事を書くというのは至難のわざである。読者が世の中の動きを知る手立てとしては、新聞やテレビの報道しかない。その報道が大幅にゆがんでいるのであるから、「正しく見ること」はとても難しい。あたかも公平であるかに考えられているマスコミ報道の実態ですらこうなのだ。

仏教では、八正道修行の難しさを解決しようとして、さまざまな工夫をしてきた。修行の概念をまとめようとして、さまざまな手法や用語を作り出した。

念仏や題目もひとつの手法であった。

そして、たくさんの用語が作り出された。たとえば、十重禁戒《じゅうじゅうごんかい》（十の犯してならない禁止事項）、六根清浄《ろっこんしょうじょう》（六つの感覚器官からの刺激のコントロール）、十二因縁《じゅうにいんねん》（苦しみを生じさせる十二の原因）などなど、数字のつく用語だけで一千を超えると思われる。

修行をする人間は、これらの手法や用語を利用して、自分の心をチェックするのである。しかし、解決策の手段をあまりにもたくさん作り出したために、かえって難しい教理の積み重ねになってしまっている。

お坊さんたちは、次々に仏教用語を並べて説法するという悪いくせに陥っている。仏法というのは教理問答をするものではなく、実践するものであるという原点が忘れられているようだ。

高橋信次は説く。

「鎌倉時代に生まれた念仏やお題目は、当時の庶民の強迫観念をなくすための救いだったのではないでしょうか。農作物もとれない、あちこちで天災が起こるという中で、庶民は痛切に救いを求めていました。親鸞や日蓮の教えで、どれだけの人が救われたかしれません。しかし、それは一時的なものです。

情報化社会の現代は、当時とくらべて、庶民が情報を得ることができます。宇宙に対する知識を、そのころよりも自由に求めることができます。ですから、昔の一時的な救いに道を求めてはいけません」

つまり、中道のものさしは時代とともに変化するのである。それとともに、ひとりひとりが性格の違い、体格の違いを持っているように、ものさしの目盛りは、ひとりひとり全部違うのである。

キリスト教では、ひとりひとり違うものさしを持たされた人間を指して、

「神から与えられた原罪」

と呼んでいる。何とも重苦しい言葉であるが、自分ひとりで判断をして生きていくしかない人間というものを考えると、納得できる言葉である。

ここで高橋信次は、誰でも持っているものさしのひとつとして、神の前でうそをつけない良心ということを挙げている。

「あなたは、人にうそをつくことができます。しかし自分自身にうそをつくことができますか？」

口ぐせのようにそう言いながら、うそをつけない自分を見つめるように説き続けたのである。

原罪を「目盛りの見えないものさし」と考えれば、良心というのは個人個人に与えられた天秤《てんびん》の錘《おもり》のようなものであろう。正しい錘がなかったら、正しく量ることができない。

八正道を実践するためのひとつのヒントである。

守護霊とは？　憑依霊とは？

高橋信次は、守護霊というのは、その人の魂の兄弟だと説いた。

その人を本体とすると、五人の魂の兄弟がいて、本体を守護しているのだ、と言う。さらに、その魂の兄弟が自分の友人に本体の守護を依頼することもある、と言う。

ややこしいようだが、人間は六つの魂をワンセットとして、順番に生まれ変わるとのことである。そして、ひとりがこの世に生きている間に、自分の分身であるあの世の自分が修行の手伝いをする。

この魂の兄弟のしくみには次の四つのパターンがある。

①六つの魂が、全部男である場合。

②六つの魂が、全部女である場合。

③六つの魂が、男三つ女三つである場合。

④六つの魂が、女三つ男三つである場合。

それ以外のパターンはないそうである。

「どうしてそうなんですか」

と聞いたところ、

「うーん。そうなっているから、そうなんですよね」

という答えだった。

高橋信次は、人は自分の両親を、自分自身の意思で選んで生まれてくると説いた。

死んでからの人間は、その人の心の状態によって、上段階の光の世界から下段階の地獄に至るまでのいずれかの世界に、光子体という体を持って存在するようになる。地獄に落ちている人はしばらくそこに留まらなければならないが、光の世界に行った人は、またこの世に生まれる準備をすることになる。

光の世界ではさまざまな人のアドバイスを受ける。自分の性格や才能をよい方向に修正するには、どういう国の、どういう家庭に生まれたらいいかということを検討する。この世に生まれてしまえば、あの世の記憶は消えてしまうので、慎重に選ばなければならない。そして受胎とともに、あの世の魂は母親の体内の胎児に宿る。胎児の意識として宿ることになる。このときに、母体と食べ物や趣味の違いが生じて、つわりという現象が発生する。

高橋信次が、相手の個人指導をするときは、その人の人生の秘密や生まれる前の情報を守護霊から聞いている。

つまり、自分の過去生が高橋信次と話をするのであり、別な見方をすれば、自分自身で話しているともいえる。

高橋信次はその人の守護霊を明確に霊視できたようだ。私のようないいかげんな霊視だとはっきりわからない。私の場合は、守護霊らしきものが出現しており、それらしいオーラの色になっているなという程度である。もちろん、憑依霊と守護霊の違いは私にでもわかる。そのことは第一章で説明した。さらに憑依霊の場合、動物のような異臭をともなうことが多い。この異臭は霊臭《れいしゅう》というべきもので、キャッチできない人のほうが多いようだ。

高橋信次に倣《なら》えば、守護霊、つまり過去生が本物かどうかを見分けるには、複数の人に確認すればよい。最近はチャネリング（過去生を教える商売）が流行《はや》っていて、お金を出せば過去生を教えてくれる。

しかし現在の日本のチャネラーは、ほぼ全員でたらめである。なぜなら人によって言うことが全部違うからである。まあ、ふたり以上のチャネラーに見てもらって同じだったらチャネリングは本物だということになるのだが、日本のチャネリングで、そういった立証がされた例を私は今のところ聞いていない。口からでまかせ、またはひどく霊能力のレベルの低いチャネラーばかりなので、日本ではチャネリングを受けるのは感心できない。

私は書物で読んだだけだが、アメリカのチャネラーには、何人か信頼できる人間がいるようだ。

その上、他人に過去生を教えるということは、高橋信次の言っていることに従えば、重大なルール違反である。

「生まれたときには、あの世の記憶は全部消えてしまいます。この世に修行をするために生まれてきたからです。過去生の記憶というものは、自分で心の窓を開くことによって悟るものです」

神はこのルール違反を行なっている人を早めにあの世に引き上げることにしているそうなので、チャネラーを職業としている人は早くやめて、正業についたほうが安全である。しかし、でたらめの過去生を思いつきでしゃべっている人はその限りではないので、すぐに引き上げられる心配はない。どんどんやって人をだましても、死ぬ心配はあまりないだろう。詐欺罪で捕まるとか、地獄に落ちるといった心配はあるかもしれないが。

憑依霊について述べる。

高橋信次によると、憑依霊とは死んだのちにも自分の死を理解していない霊のことで、あちこちに浮遊しているという。ある人が、他人をうらんだり、怒ったり、憎んだりすると、それと同じ気持ちを持った浮遊霊が、

「あ、自分と同じ気持ちだ」

と気づいて、パッと飛んできて、その人の体にくっつくそうである。

昭和四十四年ごろ、高木謹介さんから聞いたのだが、怒っている人の息をストローでヨウ化ロドプシンの中に吹き込むと、茶色の沈殿物が発生し、悲しんでいる人の息を吹き込むと灰色の沈殿物が発生するそうである。憑依霊のスモッグのようなかたまりは、茶色、灰色と

いう感じの色をしているので、関連があるかもしれない。興味のある人はぜひ実験していただきたい。

怒ったときにアドレナリンの分泌が盛んになるのは、誰でも知っていることであるが、人間の感情が人体にさまざまな影響を与えるであろうことは容易に想像できる。感情による肉体の変化と霊の憑依が一致して、病気が発生するというのが高橋信次の説明であった。したがって、高橋信次は憑依霊を取ることで病気を治すということを毎日のように行なっていた。

キリスト教と憑依霊の関係について述べる。

私は、東北学院というプロテスタントのミッション・スクールの出なので、聖書の中に数多く出ている憑依霊取りについては、何度も読んでいる。

その学校の片倉という名の聖書の教師は、「処女懐胎」や「憑依霊」などに関する質問をすると、その生徒を殴りつけるというとんでもない男だった。安田という正直者の同級生などは、授業中、この教師に二時間以上にわたって殴り続けられて体中血だらけになり、見るに堪えなかった。ほかの教師は見て見ぬふりをしていた。聖書の教師は一番権力があるので、へたに口をはさむと自分の首が危ない。

クラスの同級生一同は、この教師を「殺そう」という気持ちになり、何度も相談したが、実行には至らなかった。実行しなくてよかった。その教師は私たちが卒業した数年のちに、酒を飲みすぎて死んでしまった。

したがって、当時のこの学校の卒業生のほとんどがキリストを信じていない。気の毒な学校である。

その教師は、矛盾を説明できない無能さを暴力でごまかしていたのだと思う。

あとになって知ったのであるが、プロテスタントの教会では、なぜか憑依霊に関する記述を寓話として無視している。

カトリックの場合は、法王庁の霊査委員会に持ち込まれる。普通の憑依霊か悪魔によるものかどうかを認定する。浄霊の必要ありと認められた場合のみ、法王から派遣された神父が浄霊をしに行くことになっている。最近では、フランスの神父ティヤール・ド・シャルダンが一九七五年ごろに、法王庁からアメリカに派遣されて、ある少女についていた悪魔を取り除くことに成功している。

ローマ法王庁は、めったなことでは悪魔の認定はしない。理由は彼らには霊が見えないので、カトリック独自の複雑な調査を必要とし、すぐには正確な判断ができないからである。

この悪魔ばらいは、現在のローマ法王のヨハネ・パウロ二世も行なっているようだ。平成五年（一九九三）七月二十一日の讀賣新聞の夕刊の記事を引用する。

「【ローマ20日＝波津博明】ローマ法王ヨハネ・パウロ二世が、悪魔祓《ばら》い（エクソシズム）によって若い娘の悪魔つきを直していた。法王庁のジャック・マルタン枢機卿が最近公表した日誌で明らかにしたものだが、現法王による悪魔祓いは、知られている限り初めて。日誌によると、八二年春、イタリア中部ウンブリア州スポレートの司教が同州出身の若い娘を連れて法王のもとを訪れ、悪魔祓いを依頼した。娘はうなり声を発しながら、床をはいずり回っていたという。法王は、法王庁の聖職者全員に法王庁内部に悪魔が入り込んだことを告げて警戒を促したうえ、繰り返し祈りによって娘から悪魔を祓おうとした。祈りでは悪魔祓いは成功しなかったが、最後に『明日あなたのためにミサをしよう』と告げたところ、娘は突然、我に返ったという。法王は大いに感動し『まるで聖書の場面のようだ』と叫んだという。イタリアでは今でも悪魔祓いが盛んだが、法王自ら悪魔祓いを行うのは異例。一日に百人の悪魔祓いをするというローマ最大のエクソシストの一人、ガブリエレ・アモルト神父によると最近二百年間、悪魔祓いを行った法王はいないという。（後略）」

この記事は事実を正確に伝えていないようだ。たとえ法王といえども、五人の枢機卿で構成される霊査委員会の許可を得なければ、悪魔ばらいはできないのである。ヨハネ・パウロ二世はエクソシストとしての認定を司教時代に得ているので、悪魔ばらいの方法にはある程度習熟していると思われる。

さらにアモルトという神父が一日に百人の悪魔ばらいをするというのは、とんでもない間違いである。これは、単なる憑依霊のことだと思われる。霊査委員会に持ち込まれる悪魔つきの調査は年間に数件しかない。悪魔はめったに出現しないものである。しかも悪魔ばらいは命がけの仕事なのである。

私は悪魔つきを見たことがない。先に述べたティヤール・ド・シャルダンは、悪魔によってけがをしている。彼がテレビのインタビューに答えたところによれば、取りつかれた人間は皮膚も目も悪魔のように変化し、念力でピアノや鉄扉を動かし、けもののようなうなり声を上げ、手近なものをすべて武器にして、襲いかかってきたそうである。

悪魔つきが出現したら、今のところローマ法王庁に処理を頼むしか手がないようだ。

悪魔ばらいの話はここまでとして、一般の憑依霊の話に戻る。

高橋信次によれば、憑依霊はすべて地獄霊である。死んでからも自分が生きていると思い込んでおり、うらみ、つらみ、怒りなどで心がいっぱいになっている。この意識が地獄を形成していて、その中で苦しんでいるのだ、と言う。

高橋信次はこれらの憑依霊に対して、

「あなたも神仏の子なら、この人の体から離れて成仏しなさい」

という説得を行なう。相手によってはお経を上げてやることもある。不思議なことに、憑依状態の霊は、

「さむい」

とか、

「くらい」

とか言っているのだが、高橋信次から説得されると、

「あたたかい」

とか、

「気持ちがいい」

とか言うようになる。

さて、動物霊というのがある。これは文字通り、動物の霊なのだそうである。動物霊を抱えてくるのは、稲荷神社とか、龍神さまとかに通って商売繁盛を拝んでいる人に多い。私の友人にはそういった人はいなかったので、高橋信次の講演会でしかお目にかかれなかった。

本当に狐のような顔つきになったりするので、動物霊パターンというのは見分けやすい。精神科の医者をやっている友人によると、精神分裂症の中期によく「狐顔現象」というのが発生するそうだ。写真を見せてもらったが、みな動物霊に憑依されている人の顔とそっくりだった。

「まるで狐みたいな顔じゃないか」

「うん、だから世間では狐つきというのだろうな」

大きな図書館の医学のコーナーを探すと、この「狐顔現象」が出ている医学書があるので、ぜひ見ていただきたい。

高橋信次によれば、稲荷大明神や龍神という存在は、動物たちを指導する天使だという。天国にいる動物園の園長さんのようなものなのか？　私にはどうもわからない。

動物の指導はとても難しいので、動物たちが人に憑依して指導者の名前をかたり、さまざまな悪さをするそうである。天使が自分で、

「私は稲荷大明神だ」

とか、

「私は龍神だ」

とかは決して言わないそうである。高橋信次は何度も警告している。

「そういう場合は一〇〇パーセント、動物霊のしわざです」

ということは、そういった名前を使って布教活動をしている教団の一〇〇パーセントが動物霊の仕業ということになる。

狐や蛇が、人間の体を借りて、人間の言葉でしゃべっているのを何度も目撃した。

高橋信次に向かって、

「見破られたか。おれの本当の名前は狐の健太郎だ」

などとしゃべり出すので、動物がついているという説明を受ければ、

「そうかな」

と思うものの、何せ私には見えないので何ともわからない。ただし、動物霊パターンとでもいえるような憑依現象が、かなり存在することは事実である。

霊現象にどうやって対処するか

第二章で述べたが、私の場合は霊現象にどう対応したらいいかわからなくて、高橋信次に相談に行ったのである。今となっては、この世にいない人にまた相談に行くわけにもいかない。さて、どうしたらいいだろうか。

「見えない、聞こえないという状態で、霊にかかわるな」

というのが、高橋信次の教えだった。

目かくしをして車を運転せよ、と言われれば誰でも尻込みするはずだ。ところが霊に限っては、「見えない、聞こえない」人が平気で行なっているオンパレードである。各地の教団で神霊相談が行なわれているし、テレビにも「見えない、聞こえない」レベルの霊能者が登場して、人々を混乱させ続けている。

霊の目かくし運転と仮に呼んでおこう。霊の目かくし運転による被害は、われわれのまわりにたくさんころがっている。そして、霊能者に頼るくせがついてしまうと、高橋信次流の言い方をすれば、霊能者を通して自分に憑依霊を引き込んでしまう。なぜなら、目かくし運転をしている霊能者は、必ず憑依霊にコントロールされているからである。

霊能者が、どういうふうに霊査《れいさ》をするかについて私の例を引き合いに出して、簡単に述べてみよう。

昔、私が宇宙体操をやっていた昭和四十四年から四十五年にかけて、私を頼ってたくさんの人が相談に来た。別段、商売にしていたわけではなく、自分の能力がその人のためになるのならという純粋な気持ちであった。しかし、高橋信次の指導を受けるうちにやめるようになっていった。自分が霊の目かくし運転をしていることを自覚したからである。

そのころ、私がどういうふうに霊査をしたかについてお話しする。断っておくがマネをしないでほしい。低いレベルの霊道の話であるからだ。

佐藤さんというお寺の娘さんが、体の不調や結婚の問題などでひどく悩んでいた。私は、その女性をじっと霊視してみた。目をつぶると脳裏にお墓が映って見える。

「あなたの家のお墓が見えます」

佐藤さんは、疑いのまなざしで私を見ている。レベルの低い霊能者としては、何とか彼女に信用してもらわなければならない。また、じっと霊視した。

「お寺の裏手のL字型の土地の一番奥のお墓です。あなたの家のお墓ですね」

「ええ、そうです。どうしてわかるんですか?」

この程度は、ほとんどの霊能者に見えるのである。ただし、「佐藤家の墓」などというふうにくっきりと見えるのではない。色のついていない夢と同じ程度のぼんやりとした見え方をするだけである。そして、ぼんやりとしたイメージを、相手との会話を利用して少しずつ焦点を絞っていく。占いのやり方と大差ない。

なぜ、そのときにお墓が見えたかということは、まともに説明すればそれだけで一冊の本になってしまうので簡単に話すが、佐藤さんの家はお寺であり、お墓がキーポイントになる環境にあった。

「ただ、お墓が見えるだけです。お墓が見えるということは、そこに何かの問題があるということです」

「何の問題でしょうか」

また霊視をしてみる。お墓のまわりは草ぼうぼうである。

「お墓の手入れをしていないみたいですが、誰のお墓なんですか」

つまり、こういう質問をすること自体、霊能者は何も見えていないことを意味する。本物ならいちいち相手に質問しなくても、すべては見えているはずだからである。

佐藤さんは私の質問に答えて、そのお墓のいわれや、自分の実家がお寺であることなどを次々に話し出した。

そこまで持ち込めば相手に完全に信用されるので、あとは霊能者がやりたいようにやればよい。先祖を拝むように言って、自分の儲けにつなげるのが大方の霊能者のやり口である。私は全共闘世代の義憤にかられた若者だったので、ずうずうしくも佐藤さんに正しい信仰のあり方を説いた。佐藤さんのお父さんが何の疑問も感じずにお寺を経営し、娘の将来に対して宗教人としての対応をしていないことへのいら立ちからだった。今思い返しても、おそまつな説教だった。おまけに、佐藤さんの家が所属しているお寺の本山に出向いていった。千葉市内にある念仏宗系統の有名なお寺だった。

本山の退屈な儀式を拝見したあと、私は本山の偉いお坊さんたちを前にして、説法をした。

「あなた方は、自分たちがやっている儀式の意味を知っているのですか。阿弥陀如来を拝んでいますが、阿弥陀とはいったいどんな仏なのか、ご存じですか」

「久遠《くおん》の仏と考えています」

「それでは、いつの時代に生まれた仏なのか。久遠の仏というのはどういう意味ですか」

「よくわかりません」

「お教えしましょう。阿弥陀とは、大乗仏典を作ったインドの詩人たちが作った大きなイマジネーションなのです。では、なぜ彼らは阿弥陀というものを創造したのでしょうか」

などと傲慢にもしゃべった。お坊さんたちはびっくりしてしまって返す言葉がなかった。

私は、学校時代にキリスト教でひどい目に遭った。宗教とは何かという疑問をずっと持っていたので、仏教書もたくさん読んだ。毎朝の礼拝の時間は、暴力聖書教師の自慢話と偽善的なお祈りだけだった。無意味な時間だった。クラスメイトは、英語の単語の暗記や、数式の暗記などに精を出していたが、私は聖書を読むふりをして、仏教書を学生服の中に隠して礼拝堂に持ち込み、読んでいた。

もちろん、お経のような難しいものはわからないので、現代語訳のお経や、大学の先生による仏典の解説書などだった。全部で百冊も読んでいないとは思うが、その程度の知識でも、お坊さんの不勉強を叱るのには十分だった。

日本の仏教のお坊さんは、自分の宗派の教祖が書いた本を中心に勉強させられ、大学で点数を取るのに忙しく、仏教の基礎を勉強する余裕がないようだ。

だからといって、お坊さんたちよりも私のほうが仏法を知っているとはいえない。単に彼らよりもほんのちょっとだけ知識の量が多かっただけで、いまだ仏法の何ものかを知らないのである。

もうひとつ例を挙げよう。そのころ、私の噂を伝え聞いた劇作家の山元清多さんが、佐藤信さんが主宰する劇団黒テントに、宇宙体操を指導しに来てくれと言った。劇団員の芝居の動きに役立てるという。宇宙体操が芝居にどういうふうに活用されるのか興味深かったので、さっそく稽古場に出向いていって、指導を開始した。十人ほどの俳優が参加した。

その中に桐谷夏子さんもいた。最近は東南アジアの劇団と交流するなど、地道な活動をしているいい女優さんである。

だが、その彼女の体がなかなか動かない。そのうちに彼女は、

「頭痛がひどいのでどうにかなりませんか」

と言った。こういうときに霊能力の低い人は、すぐに霊視しようとする。私も自分が霊の目かくし運転者であるということを自覚していなかったので、ご多分に漏れなかった。霊視してみると、桐谷夏子さんの頭がまっぷたつに割れているイメージが見えた。

「頭が割れるように痛いのですね。マサカリで割られたような感じだ」

それに続く桐谷さんの話は、恐るべきものだった。

「私の友人が父親にマサカリで頭を割られて殺されたのです」

「親しい人だったのですか」

「仲よしでした」

私は「見えない」にもかかわらず、その友人が桐谷さんに憑依していると判断し、除霊を開始した。幸い桐谷夏子さんの頭痛は治まったようだ。私の心の中には、

「どうだ、私の霊能力はすごいだろう」

という傲慢な気持ちが芽ばえていた。

この「除霊」では何ごともなくて済んだのだが、私が教祖的な人間だったら被害を生み出したかもしれない。

ふたつの例を出したが、そのころの私と、今もって霊の目かくし運転をしている人間の心の中は同じようなものである。

私のように多少霊能力がある程度でも、話を聞きつけた宗教団体の教祖が訪ねてくることがあった。偶然に当たった霊能力が評判になったものの、そのくせ自信がないのが彼らの気持ちである。私はそういう人に会うたびに、

「おやめなさい」

と話すのだが、誰もやめようとしない。物ごとというのは、始めるのは簡単だが、やめるのはとても難しいようだ。そして、こちらが忘れたころに、また相談に来る。

高橋信次が生きていれば、具体的にどうしたらいいかを説明してくれるのであろうが、「見えない」状態の私たちは、どうすればいいのだろうか。

東京・高田馬場でカレー・レストランを経営している友人の宮崎弘子さんは、パキスタン人と結婚し、イスラム教に改宗したまじめな信徒である。先日、彼女がこう言った。

「私、ときどき耳のそばで声が聞こえるの。その指示通りにすると必ずうまくいくの。アラーの助けだと思うわ」

私は、彼女の言葉を聞いて眉をしかめた。高橋信次によれば幻聴は一〇〇パーセント、憑依霊のしわざだからである。

「アラーの啓示が耳から聞こえるはずはないよ。神さまは自分の意思を決して声や文字では

表現しないんだ。それは悪魔のしわざだ」

ここでは悪魔とは何かという議論はやめよう。とりあえず、人の耳に声を吹き込む現象とか意思を、悪魔と呼ぶことにする。

耳のそばで聞こえる声は、必ず最初のうちはいいことずくめを言う。その通りにすると経済的な助けに結びつくことが多い。この悪魔は悪魔同士のネットワークを利用して、見えない世界の情報を仕入れているようだ。

たとえば、商売相手が宮崎弘子さんをだまそうと考えているとする。悪魔は相手の憑依霊から情報を仕入れて、彼女の耳もとでこう伝える。

「この人は信用がならない。用心しないとだまされる」

彼女は用心した結果、経済的な被害を受けないですむ。そして思う。

「あの声はきっと神の声に違いない」

悪魔は十回程度この作業をくり返して、自分を神の使いだと信じ込ませる。そのうちに悪魔特有のやり方を開始する。つまり宮崎弘子さんを自分の意思の代行者として利用しようとする試みである。私は彼女に言った。

「そういうときは、神に対してこう祈るんですよ。『耳から声を聞かせる形じゃなく、神の特有の方法で示してください』と。神の経綸《けいりん》というのは、耳から聞こえる幻聴でやってくるのではなく、想像もつかないほどの理性をともなってやってくるんですよ」

宮崎弘子さんは、私の話を半分しか聞いていなかった。

「でも、おもしろいから、悪魔の話を聞くだけ聞いておくわ」

私が説明できるのはこの程度がせいいっぱいなのである。彼女の耳もとでささやくのが悪魔だということを、理解してもらえなかったようだ。高橋信次だったらどうアドバイスするのだろうか。

さて、宮崎さんのように正常な人にも幻聴が起きるわけだが、精神分裂症の初期の人には、特に頻繁に現われる。

そのまま放っておけば、だんだん症状が重くなり、精神病院に行くしかない。精神病院では患者に薬を投与する。神経が麻痺して眠くなる各種の精神安定剤は、ある一定程度の役割を果たす。夜中の一時から二時にかけてはもっとも幻聴の起きやすい時間であるが、薬を飲めばこの時間に寝てしまっていることが多いので、影響を受けないですむ。

幻聴の初期段階で患者にその内容を聞くと、非常に支離滅裂なものであることがわかる。その声の主はおおむね患者の知り合いの人たち、とくに患者が尊敬している人や恋愛感情を持っている人の声であると、当人は主張することが多い。

患者に対して、

「その人がそういうことを言うなんておかしいじゃないか」

と聞いて、

「おかしい」
と答える能力があるうちは、精神病院に入れずに治療できる。幻聴が悪魔のしわざだと納得できるので、幻聴が聞こえたら「悪魔よ、私のもとから去れ」と言えとアドバイスすればよい。さらに、幻聴がある間は必ず午前零時前に眠るように言い聞かせ、必要なら睡眠薬を飲ませる。そして、朝はだらだらと眠らせることをせずに、早めに叩き起こす。

部屋の中にゴミや石ころを集めてくるようになったり、自分の体を自分で傷つけるようになったりの症状が出れば、この方法では治らない。精神病院でも治せない。人格が崩壊してしまうだけである。

また、宗教団体に入っている患者を治すのはとても難しい。GLAだから安心で、他の団体だからだめなどということはない。どんな宗教団体でも、その患者の心に発病のきっかけを作る構造を持っている。特にGLAも含めた新興宗教は、「見えない」部分にタッチする傾向が強いので、発病のきっかけを作りやすい。

家族に精神病患者を抱える人は、初期のうちにその宗教団体から隔離することをお勧めしたい。それにはしっかりした精神病院への入院が一番合理的であろう。初期でさえあれば、薬の投与だけでほとんど治療できるからである。もちろん、だらだらと精神病院に入院させると他の患者の影響を受けてしまうので、落ち着いたらさっさと退院させるという見きわめも大事である。

さらに精神分裂症はすべて憑依霊のせいであり、浄霊すれば治ると考えている人が多いが、とんでもない間違いである。遺伝によるもの、後天的な脳梅毒によるもの、アルコール中毒によるものなどは、医学的な方法に頼るしかない。

検証・高橋信次の超能力と信念

さて、高橋信次の超能力について考えてみたい。

生前の彼に出会ったことのある人は口をそろえて、その超能力のすごさを語っている。私もそのひとりである。

たとえば、テレビによく顔を出す一群の霊能者が、多くのパフォーマンスを行なう。

「あなたの家の階段の下に小さな古い人形があります」

とか、

「昔、この場所に大きな木がありました。それを無理に伐って家を建てたのがいけないのです」

などという話をする。テレビのスタッフが調査して、それが事実であることを確かめる。キャスターが、わざとびっくりしたような顔で言う。

「やはり、ありましたねえ。先生のすごい霊能力が実証されました」

キャスターたちも、こんなことにびっくりしているひまがあったら、もっとすごい科学の発見や人類の英知の不思議にびっくりして見せてほしいものだ。

先ほどから説明している通り、こういった霊能というのは、きわめて低いレベルのものである。

テレビに出る霊能者は、生活に困っている人が多い、学歴や専門の能力もないので、霊能力で身を立てようと考える。そういった人たちを鞭打つようで気の毒なのだが、霊能力で生活を立てるのは宇宙の法則に対する冒瀆《ぼうとく》なのである。そして、それらをテレビという公器で大衆に届けることは、さらに大きな冒瀆なのである。

高橋信次の場合も、この世の人間であったので、その法則から逃れられる道理がない。しかし彼の場合は、憑依霊などによって被害を受けている人を救済しようとして、同じ霊能力という方法を使ったのである。いわば黒魔術に対する白魔術という図式が成り立つ。つまり、魔術を制するのに魔術を使うという大きな矛盾を抱えていたわけである。

「空海などの密教に対して、顕教《けんきょう》というものがあります。顕教というのは、密教が占いや霊道に頼ってしまい、神理によった正しい生活をしない傾向にあることへの批判から生まれたものです」

高橋信次は、霊道に頼って自分で考えようとしないことを批判したし、霊を否定する一般的な顕教のあり方も批判した。つまり、両者のバランスを取ることを主張したのである。

キリストは不信心な人々に説くのに、憑依霊を払ったり、病気をたちどころに治したり、水の上を歩いたり、死後に姿を現わしたりという奇跡を起こした。いや、起こしたというよりも、当時の悪習に染まった人々を教化するには、奇跡を使わざるを得なかったのではないだろうか。

高橋信次は、顕教が正しいとされる国、日本のまっただ中に生まれた。この日本は、昔のイスラエルやインドのような自然への恐れや、神への恐れが希薄な国である。そのくせ、中途半端な中流意識やエリート意識を持ち、自分たちが持っている差別意識に気づかない人々がたくさんいる国である。

正直にいって、高橋信次が行なった数々の奇跡は気味がよかった。特に私のようなタイプの人間にとっては、社会的な地位を持っている人々や、宗教を指導している人々の心を白日のもとにさらして、反省を迫るという手法が心地よくさえあった。高橋信次が、超能力を使った「赤胴鈴之助」のように見えたものである。

つまり、高橋信次の超能力は日本が培ってきた差別風土に対する「ノー」だったのであり、日本という風土の中で教化活動をするための必要手段だったと私は考える。

「太陽は一秒間に9.3×10^{22} kcal/secの熱エネルギーを放射しています。そしてこの地球に対しては一秒間に二百万トンの石炭を燃やすのと同じ熱エネルギーを提供し、お金を取るということをしません。貧乏人にも金持ちにも、分けへだてなく平等に与えています」

神の経綸のその一部を、物理の専門家らしい言い方で説きながら、この世に不平等があってはいけないと言い続けた。

講演に出かける場合も飛行機の特等席や、国鉄の一等車を求めることはしなかった。しかし、招待先が特別の座席や車を手配する場合に、あえてそれを拒否するという不自然さもなかった。当時の私は若かったので、講演料の支払いがどうであったかは知らない。正直者である妻の一栄さんの態度や服装からも察知できたが、相手に失礼のない程度の最小限の受け渡しであったと推察する。

講演先で、靴を脱ぐときはちゃんと自分の靴をそろえて、ついでにまわりの靴もそろえるということもしていた。尊大さや、特権意識のまったくない人であった。

そういう生活態度であったからこそ、彼の説教には説得力があったし、過去生の言葉によるパフォーマンスに異議を唱える人もほとんどいなかった。

普通人の生活態度でありながら、宗教や経済社会の不平等に「ノー」を言うことほど強いものはない。しかも相手の心を読めるという持ち駒をこの人は持っていた。

黒魔術に対して白魔術で戦うというのは、たしかに子供じみている。子供たちが誰でも持つ夢でもある。しかし、そういった子供じみた行為はあらゆる社会で常に行なわれている。しかも、子供にでもわかるということは、実は大事なことなのだ。

「私は観世音菩薩の生まれ変わりです」

という霊能者がいる。もしそうなら、その霊能者はサンスクリット語やパーリ語を話せるはずである。高橋信次はそういった人々に対して、古代インド語で問いかけて化けの皮をはぐことをよしとした。

つまりそういうことに妥協がなかった人であり、そういった矛盾に初めて言及した人でもあるのだ。子供っぽい純粋さがあった人でもある。

高橋信次は守護霊と憑依霊の能力のレベルがまったく違うということを、数多くのパフォーマンスで実証し続けた。彼を知らない読者は、その具体的な様子をもっと知りたいと思うだろう。しかし、第一章で書いた程度で十分ではないだろうか。もっと詳しく知りたければ、何十万人の目撃者が生存しているのだから、その人々を訪ね歩けばいい。

検証・高橋信次の超能力「過去生」

私の見たところ、高橋信次は言葉や言語についてかなりいいかげんなところがあった。たとえば、講演ではいつも、

「私の仕事であるエレクトロニスクの世界では」

と間違って言っていた。

仏教用語でも、「ゴーダマ・シッタルター」とか「アボロキティ・シュバラー」など。あ

るいは日本語になっている用語も、「しきしんふじ」とか「てんしょうりんね」とか「しょうほう」というふうにいいかげんであった。

それぞれ正しくは、「ゴータマ・シッダールタ」「アヴァロキティ・シュヴァラ」「しき《色》しんふに《心不二》」「りんねてん《輪廻転》しょう《正》」「しょうぼう《正法》」である。

彼の説法の迫力がすごいので、あまり気にならなかったのではあるが、「ゴーダマ」というのと「エレクトロニスク」というのはとても気になってしかたがなかった。

村上和尚は、

「高橋先生はお釈迦さまの生まれ変わりです」

と言っていたが、釈迦が自分の名前を間違うだろうか。サンスクリット表記をローマ字に直すとGAUTAMAであり、インド・ヨーロッパ系の言語すべてが、日本語表記をすれば、「ゴータマ」または「ガウタマ」としか書きようがない発音をしている。

英語でいえば、「ボトム」を「ボドム」、「ストーン」を「スドーン」というような違和感を感じる。

まあ、埼玉を「さいだま」と発音し、三多摩を「さんだま」と発音したところで、ちょっとした違いでしかないのだから、気にするほうがおかしいといわれればそれまでだ。それに古代インドの言葉なので、現代の発音から遠く隔たっているかもしれない。専門家でない私には確認のしようがない。

そもそも高橋信次は外国語の苦手な人であったと思う。さらに仏教用語についても、「私は仏教の哲学を学んだことはありません。守護霊たちによって当時のことを詳しく教えてもらって知ったのです」

と語っている。

しかしながら、高橋信次はカピラ城内での釈迦を中心とした親族百人ほどの名前を、全部言うことができた。また、釈迦の弟子たち数百人の係累関係を言うこともできた。

「釈迦は子供のころ、従兄弟《いとこ》のナンディカとパドウリカとよく遊びました。この兄弟は釈迦の父の弟であるシュクロ・ダナーの子供です。国の外務の仕事をやっていたスブティーという人は釈迦の五歳上の兄貴のような人で、子供のころからバラモンの経典を教えてくれました」

といった具合に。

村上和尚が、「高橋信次はお釈迦さまの生まれ変わり」と言っている理由はその辺にあるのかもしれない。

それらの人々の名前と正しい係累関係を専門家にチェックしてもらえば、高橋信次の過去生の記憶の正確さが証明されることと思う。

ところで、『幸福の科学』の大川隆法は高橋信次の霊と交流できると言っている。「高橋信次の霊言集」といった著作をたくさん出しているが、それらの本には釈迦時代の細かな係累については書かれていないようだ。

もし、高橋信次の霊と交流できるのだとしたら、大川は釈迦の親戚百人分の係累一覧表と、弟子たちの係累一覧表を作れるはずである。さらに、熱力学や相対性理論を、数式を使いながら何時間でも説明できるはずである。

高橋信次を直接知っている私にとって、大川隆法という人の霊言集はでたらめとしか思えない。なぜなら、抽象的なことがらの連続だけが書いてあり、具体性に欠けるからである。

彼の言うことを信じる前に、この本に書かれていることを検討して、彼の言葉や、書物と引き合わせてみてほしい。

また直接、大川の知り合いである人は、今いった係累一覧表を、「あなたの目の前で」作れるかどうかを確認してみてから、彼を信用するかどうかの判断をしてほしいものだ。

「信じる前に、あなたの心にフィルターをかけてよくチェックしなさい」

というのが、高橋信次の教えであったことをよくよく考えてほしい。

高橋信次は基本的には、古代コーサラ語を使いながら他人に過去生の言葉を話させるというパフォーマンスを行なっていた。相手が古代中国語や英語やドイツ語を話したとしても、高橋信次が使っていたのは古代コーサラ語らしきものであった。

これが正しい古代コーサラ語であったかどうかは、もちろん私にはわからない。ただ、何度も聞くうちに、同じ言葉を使う人同士の言葉の端々から、いくつかの共通する単語を聞き取れるようになった。

たとえば、リヤー（＝そうです）、ポコラ（＝わたし）、チコラ（＝あなた）といった具合である。また、サンスクリット語と共通であろうと思われるマハー（＝偉大な）やラジャー（＝王様）などの言葉も聞き取ることができた。とすると、どうも本物の古代コーサラ語である可能性のほうが、でたらめである可能性よりずっと高い。

私の場合の過去生の言葉についての例を挙げよう。

昭和四十六年の春だったと思う。八起ビルでのパフォーマンスに引っ張り出された私は、第一章で話したムー大陸の言葉とも違う、自分では理解できない意味不明の言葉をしゃべりだした。聴衆の前で高橋信次が言った。

「この人は心の窓が開いて、こうして過去生の言葉を話しています。ビルマからはるばるコーサラの国を訪ねていって、釈迦のもとで学んだ人です。今、こうして当時の思い出を昨日のことのように話しています」

高橋信次がそう言うので、私はその後、古代インド語をしゃべるふたりの人に、この言葉をしゃべってみた。そうするとおもしろいことがわかった。そのふたりは共通して当時の私を「クスパティー」と呼び、「虎の毛皮を腰に巻いた珍しい人」と呼ぶ。

ところが、私が自分で自己紹介をするときの名前は「カスピタール」なのである。たしかに「虎の毛皮を腰に巻いた人」であることは、自分も認めていた。

名前の食い違いの理由を聞いてみると、「カスピタール」は東の田舎の言葉であり、コーサラでは使われないので、洗練された発音で「クスパティー」と呼ばれたのだという。当時のインドには虎の毛皮を腰に巻いた人はいないので、珍しかったからたくさんの友だちができたのだとも言う。

高橋信次を含めて合計三人が、私の過去生について同じことを言った。つまり、近ごろ流行している日本のチャネラーのように、それぞれがバラバラなことを言うなどということはなかったのである。そうなると過去生の言葉の共通性を疑えなくなってくる。

ただし、どうしても疑わざるを得ない例に出会ったことがある。

大阪の『瑞法会』の本部でのことだ。昭和四十八年の夏だった。その日の本部の集会場は満員で、表にまで人があふれていた。壇上で中谷会長の息子が目をつぶりながら何ごとか話していた。高橋信次が言った。

「この人は、十八世紀のドイツに生まれたことを思い出して、ドイツ語で話しています」

会場の人々からは、「会長先生のお子の心の窓が開かれた」というので、感動のすすり泣きの声がする。

ところが、この人の話すドイツ語というのは、ドイツ語とは決していえないものだった。わずか三百年の間に、われわれがまったく聞き取れなくなるほどドイツ語が変化するはずはない。

私は英語はおおむね自由に話せる人間なので、ドイツ語の会話もその一割程度は聞き取れる。難しいドイツ語の会話であっても、英語がわかる人には、何について話しているのかの見当はつくものである。

この人の会話には、ドイツ語の単語はひとつも出てこなかった。つまり完全にでたらめなドイツ語であった。

高橋信次は、あいかわらず古代コーサラ語でこの青年と話をしている。相手が何かを言っても古代コーサラ語の一本やり。第一章で述べた英語の憑依霊との対話でも、高橋信次は古代コーサラ語で対応していた。しかし、そのときの憑依霊の英語が正確なものであったことは、私も確認している。

ということは、逆に相手の異言がでたらめであっても、高橋信次は直接、守護霊と交流しているので気にならなかったのであろうか。

そういう意味で、高橋信次はさまざまな人から、さまざまな過去生の言語を引き出したにもかかわらず、情報を得るのは守護霊からだった。結論的に言えば、高橋信次は言語的には音痴であったということがいえよう。逆に外国語を理解できなかったからこそ、高橋信次の過去生の言葉のパフォーマンスには迫力があったのかもしれない。

四十八歳での死を予言した高橋信次

高橋信次がバイオリズムの計算器を作り、自分の将来を計算していたことは先に述べた。そのときの計算では、四十八歳で死亡するであろうということであった。

私は、そのことを占い程度にしか考えていなかったのだが、高橋信次の死を知って呆然としてしまった。そのときに感じたのは、

「運命に負けたのだな」

という印象だった。あるいは自己催眠といってもいいだろう。

高橋信次に言わせれば、あの計算器は運命をあらかじめ予測して、自分の心や体をコントロールするためのものであった。

高橋信次が、肉体のバランスが大事であると語り、極端な節食や飽食を戒めていたこともその表われであった。彼はタバコが好きであった。当時の男性は八割程度がタバコを吸っていたので、不自然な感じはなかった。そして、講演のあとなどで値段の安いハイライトを一、二本うまそうに吸うだけであったから、さほど体に影響があるとも思えなかった。酒を飲むということもほとんどなかった。

しかし気になったのは、昭和四十八年ごろから、

「私には時間がない」

と言いながら、過密な講演会のスケジュールをこなし続けていたことである。

「命があまりない」

とは言わなかった。

「地球は大変なことになろうとしています。急がなければなりません」

という言い方だった。

高橋信次の死に関して、一番弟子であった村上和尚は次のように書いている。


「恩師がこの世に在られた時にこんなことを申された。元アメリカ大統領、ケネディ氏の死について三か月前に知っておられ、それは彼の不調和な心への警告で、彼が生きていると、キューバに対して核のボタンを押しかねないので、あの世から処置をとったとのことだった。日本は核の洗礼を受けた唯一の被曝国である。如何なることがあってもこの洗礼を再び受ける間違いは許されないのである。

そしてこの地上界の核の監視は、あの世では厳密にして眼を放さない。今後もあの世では地上破壊は絶対に許さないことであろう。それに現代では核保有は、地球が幾つあっても足りないほど保有している。人間が実在界、即ちあの世の存在を認識しない限り、この監視の手をゆるめることはしないであろう。もしボタンを押す意識が見えたら、これ等の人間に対して、即座に処置をすることだろう。恩師はその責任と任務を果たすべくあの世へ帰還されたのである」（村上宥快著『調和への道』観音寺出版局）

つまり、肉体を持ったままで地上にいると監視の目が届かないから、あの世に帰ったのだという。核ミサイルのボタンを押す人間を見つけたら、ただちにあの世に引き上げるのだという。別な言葉で言えば、そういう人間をただちに殺す仕事をするために、あの世に帰ったのだということになる。

「悟った人が、そうすぐに死ぬはずはない」

と思って、こういったロマンチックな話を作り上げたのではないか。

人を殺すためにあの世に帰るなどという法則があるのだろうか。あの世は、この世に対してそこまでおせっかいをするものだろうか。それなら最初からこの世というものを作らなければよかったではないか。人類が核のナンセンスさに気づいて、核をなくす運動を世界各国で行なっている努力こそが、神理にかなうことであるのは自明ではないか。

私が高橋信次から聞いたJ・F・ケネディについてのニュアンスは、村上和尚が言っていたことと、いささか違っている。

つまり、ケネディは大統領としてはふさわしくない人物であった。女性問題、家庭問題を抱えており、キューバ侵攻をするなどして、もうちょっとで核のボタンを押しかねないほどの人間だった。「類は類を呼ぶ」の法則で、まわりには不調和な心を持つ人間が集まっていた。暗殺されたのも、そういった暗い想念が呼び寄せた結果である。神理にかなった生活をしている政治家は暗殺される心配がない。

今でこそアメリカの秘密文書の公開で、キューバ危機の真相や、ケネディの女性関係が明らかになっているが、こんなことを言った高橋信次のことを、当時のアメリカ人たちが知ったら一笑に付しただろう。

米国歴代の大統領のほとんどがプロテスタントの信者であるが、ケネディはカトリックの信者であった。

さて、GLAの関係者が次のように言ったことがある。あとから第六章で述べる「ミカエル運動」が盛んだったころだ。

「高橋信次は、間違った教えを伝えたので、あの世に引き上げられたのです。今、天国に行けずに地獄で苦しんでいます」

一年前まで「先生、先生」と呼んで布教活動を手伝っていた人間が、その師をこんなふうにけなしている。そういう人の人格を疑わざるを得ない。高橋信次ふうに言えば、憑依霊に取りつかれて頭がおかしくなっているということか。

私も高橋信次の教えを一〇〇パーセント正しいと思っている人間ではないが、少なくとも彼は心の中に地獄を作り出すような人間ではなかった。それはいくらでも証言できる。地獄というのは死んだ本人が作り出す世界なのである。

高橋信次の教えがおかしいと思ったら、具体的に語るべきである。地獄に行って高橋信次が苦しんでいる姿を見てきたのなら、高橋信次が何年もかけて過去生の存在を立証したのと同じ方法で、誠意をもってGLAその他の関係者が理解できるように伝えるべきである。それができないのなら、あくまでもいいかげんな中傷でしかない。

さて、四十八歳の死に関する謎だが、私は高橋信次本人の無理がたたったのだと単純に考えている。さらに、自身が発明したバイオリズムの計算器からの自己催眠による死の恐怖も関与したと思われる。なにせ、事業の失敗や他人の死がどんどん予測どおりに的中していく計算器であったからだ。

彼を如来だと考える人は数多い。

仏教では、最高の悟りを得た人を如来と呼ぶ。そして、その一歩手前の人を菩薩と呼ぶ。仏像を見てもその違いがわかる。如来像は煩悩がないので、一切の装飾品がない。菩薩像にはネックレスやブレスレットがつけられている。

如来の世界の大きさをどう定義すればいいのかわからないが、宇宙の原理を一切悟った人ということである。最高の人格者ということである。

高橋信次はそこまで達した人なのだろうか。私が思うに、空海、最澄など、菩薩レベルに達したといわれている仏教の先覚者たちと同等、またはそれ以上という本人の自覚はあったように思う。

私はキリスト教の立場から、仏教書を読むようになった人間であるが、それら仏教の先覚者が書いていることを質問すると、高橋信次はすべて明確に、しかも難しい仏教哲学を使わずに答えることが可能だったからだ。

ともあれ、たとえ如来だったとしても、この世での肉体は人間に等しく与えられている。誰もその法則から逃れることはできない。如来は神ではない。如来は最高の悟りを得た人間であり、神というのは宇宙の法則のすべてをコントロールする意識である。

だから、人間を神格化することは真実をゆがめるだけだ。キリストの死をいぶかしんだ人々が、キリスト教というものを作り、キリストの教えをゆがめて伝え続けている。特にキリストが亡くなってから数百年経って作られたトリニティー（三位一体《さんみいったい》）という教会決定は、キリストを完全に神にしてしまった。つまり、神と聖霊とキリストはひとつのものであり、キリストは神と同じなのだという理屈である。

教祖を神にするというのはいつの時代にも、地球上のあらゆる場所で発生している。宗教でメシを食おうと考える人間が、自分でも知らずに作り出す経営手段である。

その点、マホメットは賢明だった。自分は神の啓示を伝えるだけの単なる人間であり、死後、自分の肖像を描くことを一切してはいけないという戒律を残した。おまけに、キリストは尊敬すべき宗教改革者であるから尊重せよと、キリストの否定も戒めた。さらに、労働は祈りだとして、率先して働いた。マホメットのたったひと部屋しかない家の中にあったのは、たしか一枚の座布団と二、三個の食器と数枚の着替えだけであった。

したがってイスラム教では、マホメットの神格化や、偶像崇拝は一切発生していない。また、イスラム教徒は、トリニティーの理論によって堕落してしまったキリスト教を受容することはしないが、キリストの教えが正しいということは肯定している。

高橋信次はマホメットのような戒律は残していない。しかし、教祖を神格化した結果、その宗教がアヘンになっていく状況については、さまざまな例を引き合いに出して説明している。少なくとも、彼の弟子であるなら神格化の愚は十分に承知なはずである。

さらに高橋信次は、高電工業という会社と八起ビルという会社を経営して収入を得ていた。宗教でメシを食おうという気持ちがないどころか、マホメットと同じように率先して労働に勤しんでいた。

たとえ高橋信次が如来であるとしても、彼を神格化することは、その努力にツバすることであることを知るべきである。さらに人間を神として奉ることは、神を冒瀆するものであるということも知るべきである。

〔第五章〕

高橋信次はなぜ教団を形成したか
――その死までの歩み

教団ができたいきさつ

高橋信次の神格化が発生したのは、GLAという教団を作ったからである。彼が教団を作った理由は何によるものであろうか。教団の成立を振り返って、その意味の一端を考えてみよう。

八起ビルの三階の道場はとても気持ちのいい場所だった。絨毯《じゅうたん》が敷いてある以外には何もなかった。絨毯の上にじかに、好きな格好で座る場所だった。「だった」と過去形で書いているが、十九年経った今でもそうかもしれない。

高橋信次は、おおむねその道場の窓側である隅田川側の壁ぎわにあぐらをかいて座り、ひとりひとりの相談に応じていた。人がたくさん来ると、立って説法をした。

この建物の六階にはテナントの歯医者が入っており、まじめそうな歯科医があまり儲かりそうもない正直な治療をしていた。歯科医は口数の少ない人だったが、奥さんは外向的な人で、ときどきGLAの世話係のようなこともしていた。

建物の裏にまわると、なるほどこの建物の建築目的はサウナだったのかと思わせるダスト・シュートや配管が壁をはっている。

私たち二十代の若者たちは、高橋信次を「信次先生」と呼んでいた。年寄りたちは当然、「高橋先生」である。

高橋信次の工場と住居は東京の大森にあったのだが、私が訪ねていったころは、この八起ビルを住居にしていたように記憶する。というのは、よく一栄さんが五階から降りてきたし、たまに高橋信次の子供と思われる中学生ぐらいの女の子を見かけたことがあったからだ。内気そうな子で、私たちが声をかけても下を向いてトコトコと歩いていくだけだった。

高橋信次の応接室兼書斎の向こう側に流しがあった。

夏だった。その女の子はジュースを作って飲んでいた。私たちが高橋信次と一緒に部屋に入っていくなり、何も言わずにぱっと部屋から出ていった。

見ず知らずの人をたくさん連れてくる父親を、その子はどういうふうに見ていたのだろうか。

「信次先生、あの子は」

「うん、下の子だけど、勉強がきらいでね」

話はそれだけだったが、私は高橋信次から「親ばか」の表情を読み取った。その日、一栄さんは出かけているらしかった。お昼どきだったので、私は気を利かせて、

「弁当を買ってきます」

と言うと、

「うん、ありがとう。ちょっと待って」

と言って、お金を渡してよこした。三千円くらいだったろうか。部屋にいたのは全部で五人くらいだし、当時の弁当は幕の内が一個二百円程度だったので、多すぎる金額だった。指導を受けに来ている私たちが、高橋信次からごちそうしてもらういわれもない。全員の弁当と飲み物を買い、その中から高橋信次の分のお金だけを差し引いて、おつりを渡すと、

「おや、こんなにおつりがあるの」

とニコニコしていた。

そんな状態だから、訪ねてくる人々から相談料や祈祷料などの名目でお金を取ることは一切なかった。

私は若かったので、高橋信次の収入がどこから来るかということにあまり拘泥《こうでい》しなかったが、年配の人間にとっては気になることだったと思う。

しかし訪ねてくる人々が増えてくるにつれて、にっちもさっちもいかなくなったであろうことは想像にかたくない。

昭和四十五（一九七〇）年の十二月に、ＧＬＡの名前での会を正式に発足させている。

「ちゃんとした会にして、運営をきちんとしなければならない」

という高橋信次の説明に納得した私は、入会の申し込みをした。事務局の人が名刺大のカードにナンバリングを打ち込んでいた。会費はたしか月に五百円だったと思う。

当時は大卒の初任給が四万円、六畳ひと間の家賃が九千円の時代だった。ハイライトが一個七十円。だから最初の会費は、今の感覚にすれば二千円くらいといったところか。

事務局員から渡された私の会員証には、「002」のナンバリングが打たれていた。会員制になってすぐに入会したことになる。

今考えてみるとおもしろいことに気づく。三けたのナンバリングなら「999」が最大である。当時は一体、会員を何人くらいにしようと思っていたのだろうか。高橋信次が取ってつけたように会員制を始めた当初は、先のことをよく考えていなかったようだ。

会員証の裏には「会員の誓い」というのが書かれていた。だいぶ前のことでよく覚えていないが、「神仏の道を歩み調和のある社会を作ること」「八正道を守り感謝の心を忘れないこと」などであったと思う。

この会員制はしごくいいかげんなもので、会員証の提出を求めて何かをするということはなかったし、会費が切れてもその請求が来ることもなかった。事務局体制がちゃんとするようになって、請求などもきちんとするようになったようだが、最初のうちはきわめてあやふやな会員制だったのである。

高橋信次は、自分が稼いだお金を法を説くために使うべきだと考えていたふしがある。高電工業の社員にとっては不安であったと思う。たしかに高橋信次の会社ではあるが、同時に自分たちの生活の基盤でもあったからだ。一栄さんあたりが、その辺のバランスに一番悩んだのではないかと推測する。

まわりの人たちからのＧＬＡの将来の計画へのアドバイスに対して、高橋信次は、

「うん、そうだね」

と素直に聞いていたようだが、会員のしっかりした維持については少しも熱心でなかった。しかし、東大阪の『瑞法会』という教団が三万人の会員まるごと帰依するに至って、会の維持をしっかりすることが現実問題となっていったようだ。さらに昭和四十八年には『瑞法会』の中谷会長のアドバイスを受けて、東京都に宗教法人の申請をし、認可を受けている。

この『瑞法会』についても、高橋信次は上納金などを求めなかったそうである。ＧＬＡの関西本部として独立経営をするように指導していた。中谷さんたちはその恩義にこたえて、ＧＬＡの活動にあらゆる協力を惜しまなかった。

したがって教団としてのＧＬＡは高橋信次が意図的に形成したものではなく、成り行き上、発展していったものであることが理解できる。

教団ができてからのＧＬＡは全国をブロック分けして、本部を分散させる方法をとったが、しょっちゅう各本部の事務機能が変化していた。人の入れ替わりが激しかったせいもあるのだが、あとからあとから地方の経営者たちが、

「自分の土地が空いているので使ってくれ」

とか、

「本社を移転したので、旧社屋の一部を使ってほしい」

という申し出があったせいもある。

だから、ある事務局はお寺の中にあったり、ある事務局は飯場みたいなバラックの中にあったりで、バラエティーに富んでいたものである。

蔓延する「ありがたや節」

遠藤邦雄さんが就職した三宝出版は、堀田和成さんという人が経営をまかされていた。

ＧＬＡが始まった昭和四十五年のころは、『経済界』という雑誌を主宰している佐藤正忠さんが高橋信次の本を出版していた。やがて、ＧＬＡ直営の三宝出版が会社登記をし、堀田和成さんが責任者に就任した。昭和四十六年ではないかと思う。同時に『月刊ＧＬＡ』というＡ５判の機関誌を発行しはじめた。高橋信次の死後は、著書の版権の管理は三宝出版が行なっている。

私はこの『月刊ＧＬＡ』が大きらいだった。高橋信次が書いている文章や、遠藤さんが編集したと思われる文章には抵抗がなかった。しかし、講師たちや会員たちの文章は、心にもない修飾語の連続が鼻についてしかたがなかった。

「〇〇様のご縁で、私も高橋先生のお説きになるお釈迦様の正法に触れさせていただいております。三十年間、自己保存の本能で生きてきた自分でございますが、八正道の反省を行なうことで調和のある中道の人生を歩もうと決心している毎日でございます。高橋先生ありがとうございました」（三十歳・会社員・〇山〇太）

というたぐいの文章ばかりだった。三十歳にもなって、こんな空虚な、心に迫らない文章を書く人間も異常だ。日ごろ、家庭や会社でこの男がこんな言葉を使っているはずがない。第一、自分の言葉がまったく書かれていない。この雑誌は会員たちに、文章とはそういうものだと思い込ませているふしがあった。

社長の堀田和成さんは以前、ある宗教団体の機関誌の編集長をしていたことから、三宝出版の社長に就任したのだという。自分がかつて所属していた団体の旧態依然とした文章スタイルを、そのまま持ち込んでしまったようである。世間の客観的な雑誌の文章スタイルから離れて、金太郎アメみたいに同じ意見の集団の世界に何年かいると、こういうつまらない文章に疑問を感じない編集者になってしまう。

遠藤さんに会ったときに言った。

「あの雑誌を見ると、ＧＬＡの会員は仏壇に高橋信次の写真を飾って、『ありがたや』と言いながら木魚を叩いているみたいじゃないか。高橋信次の文章と君が編集するページ以外はさっぱり役に立たない。紙の無駄遣いだ、やめっちまえ」

遠藤さんは深刻な顔で私の意見を聞いていた。

「その通りだ。でも、上の人間が保守的なのでね。まあ、何とか時間をかけていい雑誌にしていくよ」

そのうち遠藤さんから電話があった。

「『月刊GLA』に何か書いてくれないか」

私はうれしくなって三千字ほどの文章を書いた。「高橋信次先生のおかげです」などということはまったく書かなかった。世の中の親たちは、自分の夢を子供に託してピアノを習わせているが、子供が持っている将来の夢を伸ばすことをまじめに考えていないのではないか、ピアノを習いたかったという夢を何も子供に押しつけずに、今からでも自分で習ったらいい、といった内容だった。

暗にGLAの会員たちへの皮肉も込められていた。つまり、高橋信次の宗教改革に触れていながら、その生活を新しいものにしようとしないで、旧《ふる》いままでいいのだと勘違いしている人々。あるいは、旧い教育のあり方を検討もせずに、世の中がそうだからといって子供たちに押しつけている会員たちへの皮肉である。遠藤さんは、

「いい文章だ」

と喜んで、二色印刷の特集ページにして、きれいな挿絵を発注してくれた。でも、彼以外の人からの反応はゼロだった。

ただし、おかしな反応がいくつかあった。ある女性が、

「菅原さんの文章を拝見しましたわ。素晴らしいですね」

「どうもありがとうございます」

「菅原さんが、偉い方だというのを知らなくて大変失礼いたしました」

「えっ」

「私はGLAに入ったばかりですから、事情を知らずに今まで親しい口の利き方をして大変失礼しました。機会があったら高橋先生にお目通りいただけるよう、お口添えください」

「はあ」

「私はまだ霊道を開いていないので、何とか直接心を磨いていただきたいのです」

つまり、読者の投稿欄でなく寄稿あつかいであったので、この女性は私がGLAの幹部や高橋信次に近しい者ではないかと判断したのである。

この手の人々は、高橋信次や幹部だけを尊敬して、一般の会員を烏合の衆だと考えている手合いである。当人は他の人とは違うと思っているものの、かといってリーダーになる素質はまったくない。高橋信次というスターを遠くで見ながら、いつか「私にも声をかけてくれる日が来るに違いない」と、せっせと集会に通っている人々である。疑問があったら直接、高橋信次に質問すればいいのに、そういうことは畏れ多いものだと思い込んでいる。

そして、高橋信次に近しくて、自分が気さくに話をできるタイプの人間を見つけると、まとわりついていく。

高橋信次は他力信仰の怖さを説いた。しかし、こういった人々はもはや他力信仰どころではなく、現代社会特有のロボット人間なのである。この人たちに何かが憑依しているとすれば、旧来の憑依霊ではなく、マスコミという新しいしくみの中から発生した新しい疾患にかかっている、新型の憑依霊であろう。

さて、会員が増えるにつれて、「ありがたや」のお題目を唱える人が増えていった。高橋信次やGLAに対する感謝をやけに表現するのだが、ちっとも夫や妻や家族を尊敬しているとは思えない人々が増えていった。

そういう人は、夫や妻がGLAに理解がないといってこぼす。そして、高橋信次の前に出るとしきりに感謝の言葉を述べる。

だが、高橋信次に感謝するひまがあったら、自分の夫や妻に感謝して、よい家庭を作るほうが先決ではないだろうか。GLAに来るひまがあったら自分の心をよく見つめて、夫や妻に尊敬されるように生まれ変わる作業をするべきなのだ。

しかし、その作業をせずに、GLAに通いつめて、あいかわらず夫や妻の無理解をこぼす人々。私には、そういった人々と話をするのが耐えられなかった。

「私の話にも心のフィルターをかけて慎重になってください」

と、高橋信次が声をからして説法しているにもかかわらず、

「GLAに入っているのだから私は正しい」

そう思い込む風潮が全体を支配していった。以前は高橋信次自身が指導しきれる人数だったが、それが不可能になるにつれて、講師を任命された人々が全国で講演の行脚《あんぎゃ》をするようになっていった。

私が所用で山形に行ったときのことだ。軽部静子さんというGLA山形支部の仕事をしていた女性から、

「東京から講師がふたり来るので顔を出しませんか」

という連絡があった。昭和五十年ごろだったと記憶する。

この女性はとても気立てが優しくて、みなから好かれていた。私は、「ありがたや」に流れてきてしまったGLAに顔を出すのがいやになっていた時期だったが、

「静ちゃんがさそってくれたんだからな」

と自分に言い聞かせて、出かけていった。

静ちゃんは、叶内《かのうち》という人が経営しているハイメカニック工業という会社に勤めていた。増本瞭さんのさそいで叶内さんがGLAに帰依し、その結果、会社の人にも帰依者が多いという。その会社に勤めながら、GLAの山形支部を手伝っているそうだ。

ハイメカニック工業という会社は蔵王の中腹にあった。

東京から来た講師というのは、中年の男と、最近GLAに入ったという二十代の学生ふうの若い男のふたりだった。若いほうは、中年男のカバン持ちのようなことをしていた。中年

男はお題目のように、

「心が大事です」

とばかりしゃべっていた。話はまるで内容のないものだった。月刊『GLA』誌によく登場する「ありがたや」節の連続で、やたら高橋信次をあがめ奉《たてまつ》っていた。

地元の会員は、東京から来た講師先生だというので、実にていねいにお辞儀をしながら、説教をありがたがっている。私は無内容な話にあきれはてて、会場の隅に行ってタバコを吸いはじめた。

講師に対する尊敬の気持ちが立ち居振る舞いに表われていない私を見とがめた中年男は、私に向かって、

「あなたは心の修行が足りない」

と言った。この講師の男については第一章で触れている。私は、高橋信次の面前で、この男が『生長の家』で抱え込んでいた毒の数々を出させられていたのを間近に見ていたので、彼の態度をいぶかしんだ。

この男は以前から、自分のことを棚に上げて人を責めるくせが強かった。

「心の修行が足りないと言って、人を責めていたことで、自分の心に毒を作っています」

当時、高橋信次から注意されたくせが、四、五年経ってもさっぱり抜けていないようだ。彼は、高橋信次のそばにいた私の顔をまるで覚えていないようだった。そして、あれだけ高

橋信次の前で反省したはずなのに、またぞろ他人の心をのぞき込めるようなつもりになって、失礼なことを言っている。

高橋信次によれば、「見えない、聞こえない」という状態で相手の気持ちに踏み込んではいけないのだ。悩みを抱えている人に対したとき、その相手の日常生活の不調和を、相手にわかるように具体的に指摘するのがルールであった。それには、「見える、聞こえる」という条件が必要であった。

相手の心が読めないこの中年男は、自分の行為がルール違反であることを完全に忘れている。ちやほやされると満足し、相手を心正しき人だと思い込む。そして、そっぽを向いている人を見ると、

「あなたは心の修行が足りない」

と言う。私はこの男に増上慢《ぞうじょうまん》というおごりの気持ちが蔓延しているのを見て取ったが、そのときは、そのうちに高橋信次が何とかしてくれるだろうと軽く考えて、彼の言葉を微笑しながら受け流した。

おまけに学生ふうの男までが、

「心が大事ですよ。八正道を修行して、早く正しい生活をしてください」

と説教していた。山形のグループは、この学生のような新米ではなかった。すでに昭和四十五年から修行に入っていた。それも知らずに、田舎の人間だから導いてあげなければとい

う使命感にあふれている男だった。

彼らの心の中は、『ミッション』というアメリカ映画に出てくるカトリックの宣教師たちと同じようなものであった。心正しいインディオたちを不信心者と決めつけて、自分の狭い信仰を押しつけて相手を支配する。彼らは、山形の田舎の人々をインディオのように見ていたのである。

大量帰依によるGLAの肥大化

『瑞法会』の大量帰依をきっかけとしてGLAの講演会はどこも大盛況になり、高橋信次の名声は各地に届くようになっていった。

昭和五十年には『心の発見』という三部作の本も、それぞれ二十刷を超えた。少なくとも数十万人が著書を読んでいたことになる。

講演会は高電工業の録音技師が録音をし続けていたので、今でも高橋信次の講演のテープを聴くことは可能だ。それに、家庭用ビデオが普及しはじめたころから、同社の社員はビデオ撮影も開始しているので、過去生の言葉をしゃべる様子や霊道などの様子を撮影したビデオも録画されている。

GLAはそういう意味で、新しいタイプの教団であったともいえる。

しかし、会員の獲得にはさっぱり積極的でなく、講演会もほとんどフリーパスで、記帳もせずに帰ってよろしいというスタイルが多かったので、聴衆の数の割には、世間的にいう教勢というのはあまり伸びていなかったようだ。

つまり、細かいことをつべこべ言わない高橋信次の性格が、大量の人々を惹きつけていたともいえるし、逆にしっかりした会員管理ができなかったともいえる。

高橋信次の奔放さには、問題がなかったわけでもない。たとえば自著の中では、

「他人に過去生を教えてはいけない」

と述べていながら、聴衆が熱気を帯びてくると、霊道が開いた人の過去生をばらしてしまうことがよくあった。

昭和四十八（一九七三）年の夏のことだった。

「大阪で大がかりな講習会をするので、よかったら顔を出しませんか。娘たちも連れて行きます」

と高橋信次にさそわれた。

当時、高校生になっていた上の娘、佳子はかなり霊能力があるらしく、学校のテストを霊能力で解くということを行なっていた。答えがわからないと守護霊に解答を教えてくれるように頼んでいたらしい。正しい答えが、金色の枠で囲まれて浮かんでくるのだという。本当に守護霊がそんな助力をするのかなとも思ったが、あまりにもほほえましい話なので笑って

しまった。

高橋信次は最初、娘がカンニングしていたことに気づかなかったらしい。

「娘のテストの成績があまりにもいいので、おかしいなと思って聞いてみたのです。そしたら守護霊に解いてもらっているというのです。カンカンになって怒りましたねえ。お前の能力を封じてやるって。今はおとなしくしているけれど、こんな調子では大学へ入れるのかねえ。まあ入れなくてもいいですけど」

ちょうど大阪へ行く機会があったので、東大阪の『瑞法会』の本部で行なわれたその講習会に顔を出した。

暑い中だったが、月に一回開かれる一番大きな講習会とやらで、会場は熱気にあふれていた。壇上には黒板が出され、例のごとく物理の数式を交えながらの説法が終わると、霊道の実演に移った。その日の講習会では、過去生の言葉を話す人の実演がたっぷり取られた。

過去生の言葉を誰かがしゃべりはじめると、それに触発されて会場から叫び出す人がよく現われる。その人々は実際のところ触発されているだけであって、完全に過去のことを思い出しているわけではないのだ。しかし、お互いに抱き合って号泣している。

「今、こうして過去生を昨日のことのように思い出しながら感激しているわけです。この方はかつてインドで○○だった人です。そしてこちらの人は同じく○○だった人です」

私は、高橋信次が気軽に過去生の名前を言い出すことがきらいだった。人間が修行をするためにこの世に生まれてきたのなら、過去生を教えるのはカンニングみたいなものじゃないか。

私を指名しなければいいものを、わざわざ大阪に来るようにとさそってしまったひけめからか、何人目かに私を指名した。私はしぶしぶ指示にしたがって過去生の言葉をしゃべり出した。

「こうして心の窓を開いて、インド時代のことを説明しているのです。そして、この人がカピラ城に来て修行をしているときに一緒だった仲間がいます。佳子、こっちへ来なさい」

手招きされた佳子は、すぐに古代インドの言葉でしゃべりはじめ、懐かしそうに私のほうに手をさしのべた。

私は不愉快になった。

ここで佳子と手を取り合って泣き出せば、パフォーマンスは大いに盛り上がるのだろうが、私にはこの子と過去生で友だちだったという自覚はこれっぽっちもない。この場で泣き出している人々は、自覚をして泣いているのではなく、異言が思わず口から出てくる現象だけに感動して泣いているのである。

高橋信次は、これらの人が号泣しているかたわらで、この人々は「過去生を思い出した」と言っていた。しかし、彼らは過去生を思い出したのではない。その場でぱっと思い出すようなものではなく、その断片があとからつながって、自覚になっていくのが過去生の記憶である。

この場で泣き出すのは、単に口から異言が飛び出したという、いわば感激のようなものでしかない。なにせ高橋信次のもとには、「過去生の言葉をしゃべれるようになるのは、いつの日か」という思いで通い続けていた人がたくさんいたのである。異言が口から飛び出したときの喜びたるや、大変なものである。

私のように「過去生の言葉をしゃべれるようにしてください」などと、高橋信次に気軽に声をかける人は皆無だったのである。

自覚をせずに、パフォーマンスだけをやるのは人をあざむくことになる。

「この子はどれだけ理解して過去生の言葉をしゃべっているのだろうか」

私は、彼女を無視して自分の席に戻ってしまった。佳子も気がそがれて自分の席に戻っていった。高橋信次はちょっとたじろいだが、

「こうして縁のある者が、この日本にまた生まれ集っているのです」

と言って話を締めくくった。会場は嵐のような拍手にあふれた。

ＧＬＡでの過去生の言葉についてはパフォーマンスばかりが先行して、その正確さや、将来に禍根を残さないような検討をなされることはなかった。高橋信次が亡き今、ＧＬＡがそういった検討をする可能性はまずないであろう。しかし、検討するための録音テープは大量に保存されているので、言語学の専門家の協力さえあれば、十分に研究が可能な分野である

といえる。

さて、GLAが昭和四十八（一九七三）年に宗教法人になったことは述べたが、この法人の登記は時期的にもよかったといえよう。宗教法人の登記をすると宗教活動がやりやすくなるので、急激に会員が増えていったGLAにとってはいいタイミングであった。ただし、登記をする場合、教祖と経典を明確にしなければならない。

GLAにとっては教祖は何でもよかったであろう。ようするに神なのだから。神なり釈迦なり、会員が将来困らない内容のものを記入すればいい。おかしな話だが、一般には開祖の名前を記入することが多い。

経典というのがくせものである。役所の登記簿を見ると、聖書とか法華経とかが記入されていることが多い。GLAにとっては聖書や法華経が経典ではなかったので、急遽、高橋信次は『心行《しんぎょう》』という短い経典ふうのものを作った。市販のお経の体裁をまねて製本してあった。

「われ今見聞《けんもん》し、正法に帰依することを得たり。広大なる宇宙体は、万正万物の根元にして、万正万物相互の作用により転生輪廻の法に従う」

という出だしで始まるものだった。言葉音痴だった彼が苦労して作ったものであるが、「万《ばん》象《しょう》」を「万正」としたり、「輪廻転生」を「転生輪廻」とするなど、間違い字だらけのこの経典を見て、最初、私は思わず笑ってしまった。

しかし、宗教法人の登記にそなえるものとして、高橋信次が本当に真剣に作ったものである。文字や文章の間違いはご愛嬌として、その内容にはまったく異議がなかった。内容はほぼ般若心経と同じであるが、現代人にも理解できるように書かれている。

今考えれば、当時のGLAには文章の専門家がいなかったようだ。堀田和成さんは宗教団体の抹香《まっこう》くさい文章しか書けない人だったし、まわりには電気屋とか航空会社の社員など理科系の人々しかいなかった。

ところが、年寄りたちはこの『心行』を手にとって安心したようだ。

「やっとお経ができた」

仏壇の前に置いて拝むのにぴったりな形をしていたので、何部も買い求める年寄りたちが多かった。『心行』の裏表紙には次のように書かれていた。

「心行は拝むものでも暗記するものでもなく、実践するものである」

〔第六章〕

高橋信次死後のＧＬＡ

高橋信次の死と後継者の決定

この章では、高橋信次が亡くなったあとGLAがどうなっていったかについて述べる。

さて、高橋信次は人の過去生を他人に教えるという禁をかなり犯していた。

弟の興和さんの前世はパウロであり、さらに日本に生まれて親鸞であったとか、娘の佳子はアポロンであり、ミカエルであったなどというたぐいである。

GLAの身内の者ならあまり重大な問題にもならないのかもしれないが、著書の中で指揮者の小澤征爾の過去生はワーグナーだったなどと書いている。小澤氏は存命している人だし、それが本当だとしても、余計なお世話ではないであろうか。その点では高橋信次はおっちょこちょいだったのである。

私が見るに、高橋信次の罪というのはこれだけである。

清く正しい男であった。仕事も家族も友人もすべて大事にした。そして、日本の軍国主義を批判し、心を忘れて金儲けに走る宗教団体を批判した。しかし、左翼に与《くみ》することも決してなかった。

先に、高橋信次の死因は過労と自己催眠によるものだと思うと述べたが、あえて加えれば、人の過去生を他人に教えた呵責《かしゃく》も原因のひとつになっているかもしれない。

高橋信次が亡くなったのは、昭和五十一（一九七六）年六月二十五日。浅草の八起ビルであったという。昔、高橋信次が私に示した時期より一週間ほど早い死だった。村上和尚が、死の翌日に大森の高橋信次の自宅に呼ばれ、引導渡しをしたと言っていた。

のちに遠藤邦雄さんに聞いたところによると、家族に見とられた死だったという。遠藤さんも立ち会ったわけではないので、誰がいたかはよくわからない。少なくとも、一栄さんとふたりの娘は、父の死を目のあたりにしたのではないかと思う。

GLAの公式の見解では、そのときに高橋信次は佳子を後継者として指名したことになっている。

私が不審に思うのは、死の寸前にあれだけ痩せこけはじめたのに、なぜ家族の誰かが休養を取るように強く言わなかったのか、ということである。

おそらく一栄さんは強く言ったのだと思うが、幹部たちはすでに高橋信次を神格化していたので、

「先生はすべてを自分でコントロールできるはずだ」

と思っていたのだろう。おそらく彼らは、高橋信次が人間であるということを忘れていたのではないだろうか。

高橋信次の死後、三宝出版の遠藤さんが私あてに『月刊GLA』を送ってよこした。高橋

信次の最後の原稿が載っていた。それは奇想天外なものだった。

太陽系霊団というものについて説明している図入りの文章だった。それによれば、高橋信次はエル・ランティの生まれ変わりだという。神理を実現するための本当のメシアであり、三億六千五百年前に、銀河系のひとつであるベータ星から、宇宙船に乗ってやってきたという。

到着したのは、ナイル川の三角洲の東側でエデンと呼ばれた場所であった。エル・ランティと一緒にやってきたのが、七人の天使であり、天使長はミカエルという。

そして、ミカエルはその後、如来たちの悟りを邪魔しようとするサタンとの戦いを継続しているという。

一般の人には何がなんだかわからない文章であるが、ＧＬＡの幹部たちにとっては救いのような文章であった。

つまり、以前からミカエルの生まれ変わりといわれていた佳子が、教理的に高橋信次を支える存在であるということが明示されていたからである。幹部たちにとっては大事な遺言でもあった。

「先生は佳子さんを後継者として指名なさった」

佳子には、過去生の魂としてすでにミカエルが出現しており、講演会などではミカエルの霊が佳子に降りて、彼女の口を借り、説法をしていたからである。ちなみに佳子自身は、ミカエルのことを「マイカエル」と発音している。

高橋信次は昭和四十八年ごろから、

「なかなか見つからない」

と、さっぱり後継者が現われないので困りきっていた。

「若い者が年老いた者を指導する」

という啓示を守護霊から得ていたので、これと思える若い男性を見つけては熱を入れて指導していた。が、どうしても見つけることができなかった。しかし、昭和五十一年の春の和歌山県白浜の研修会で、

「まさか、自分の娘だとは思わなかったです」

と話したそうである。

幹部の全員が、高橋信次が娘の佳子を後継者として指名したことに納得した。

狂気のGLA

佳子がGLAの後継者になったのは大学一年のときであった。父親と同じく日本大学に在籍している。思春期の盛りであった。

父親の死のショックとともに彼女にのしかかってきたのは、GLAの会員たちの過剰な期

待であった。

昭和五十一年の九月だったろうか。ＧＬＡの後継について正式な集会があるので顔を出さないかとさそわれて、出席した。これは、私にとってかなりショックな事件だった。そして忘れたい事件だったのだろう、その集会の場所をよく覚えていない。浅草公会堂だっただろうか。

集会の中で、高橋一栄さんが会長になったことが報告された。そして、あいさつに立った。一栄さんは驚くべきことに、

「これからは佳子先生のもとで、高橋信次先生がお説きになった法灯を守っていくことになります」

と発言したのである。母親が娘に「先生」の敬称をつけている。私は愕然《がくぜん》とした。何かが狂っていた。

「不肖の娘ですが、後継者として決定しましたので、よろしくお願いします」

というのが母親の口の利き方のはずである。一栄さんの頭の中では、高橋信次が死の直前に記したエル・ランティやミカエルの伝説の世界と、現実の世界との境界線がなくなってしまっていたのであろう。

一栄さんはこのとき、母親であり妻であることをやめてしまった。佳子の信徒になるという盲信の世界に入っていってしまったのである。

あまりにもびっくりしたので、その後、GLAに行く気がしなくなってしまった。ただし、さそいの電話はよくかかってきた。「佳子先生は素晴らしい。本物の悟りを持っている人だ」などというものだった。

遠藤邦雄さんは、佳子の後継をいぶかしんでいる私に対して、

「君が思っているよりも、すごい子だよ。カーディガンを腰に巻いて、学校から帰ってきたままのかっこうで講演会にやってくるし、本当に気さくで、ぼくたちは安心している」

などと話していたが、私には佳子の精神状態がよくわかった。その当時の行動様式からして、思春期ヒステリーにかかっていると見ていた。

青春を楽しもうと思っていた矢先に、教団の教祖にならざるを得なかった佳子に接触してきたのが、作家の平井和正である。

平井は自分が書いていた『ウルフ・ガイ・シリーズ』に続く、光の世界の構想と、佳子の存在をダブらせた。一時期は佳子を師と仰いでいたようだ。

さらに、星新一、小松左京などの作家や、永井豪、宮脇心太郎などの漫画家を佳子に引き合わせている。平井は、佳子とのつき合いの中で『幻魔大戦』というSFシリーズを書き上げた。さらに、佳子が本を三冊ほど執筆するのを手伝っており、祥伝社から『真創世記』というシリーズが出ている。

佳子の立場から平井の出現を考えてみよう。

佳子にとっては、有名な作家が自分を世に出してくれるという申し出は、天にも昇る気持ちだったに違いない。今まで父のもとに集まっていたのは、電気屋や宗教家などの地味な存在ばかりだった。しかし平井は、今まで佳子がテレビでしか見たことがない小松左京や、永井豪などの大物を紹介してくれた。

大学に入ったばかりの女の子は、それなりのエリート意識を持つものである。しかも、GLAの指導をまかされる立場が天から降ってきた。その上、平井のような文化人が、自分を救世主としてあつかってくれる。

「そうだ、私には使命があるんだ。今、平井さんたちがその使命に助力するために出現したのだ」

と思ったに違いない。そのころ、佳子は平井や小松たちに、

「父、高橋信次の教えは無意味である」

などと発言している。おそらく酔っぱらっての発言だろうが、平井たちが収録していたその録音テープは、かなり多くの文化人に知られることになり、それらの人たちからの信頼を少なからず損ねたようだ。

一方でGLAの会員たちは、

「平井和正が八起ビルに顔を出しているよ」

と、それとなく自慢するようになっていた。

そして、平井たちは父親のように小さな出版社からではなく、ペーパーバックのシリーズを出せるほどの力のある出版社から、あっという間に佳子の本を出してくれた。

そのころの佳子は、父高橋信次が長野の佐久の地で、いわれなき差別に苦しんだ歴史を知らなかったのではないか。高橋信次が、日本が歩んだ軍国主義をあれほどきらった理由も知らなかったのではないだろうか。

当時の彼女は、世の中がバラ色に輝いて見えるルンルンの少女だったのである。

平井はGLAの活動方針にも口を出すようになり、佳子をミカエルという救世主として、GLAの再生を図ろうとした。

さらに、佳子は図に乗ってしまった。東京の若手の講師を中心としたミカエル・ウイングズという布教グループを作り、以前からの高橋信次の高弟の意向を無視しようとした。さらにMBG（ミカエル・ボーイズ・アンド・ガールズ）という親衛隊を作り、このグループを中核としたイベントを開催するようになった。

MBGは佳子が登場すると、

「ビバ・ミカエル！」

と叫び、肩を組んで歌をうたったりするなどの新しい法悦《ほうえつ》をGLAに持ち込んでいった。

かわいそうなのは年寄りたちだった。自分の孫のようなMBGの親衛隊と肩を組み、今までうたったこともない若者の歌をうたわされた。

「若い者が年を取った者を指導するようになる」

という高橋信次の指導が実現しつつあるのだと、みなが信じ込もうとした。

余談だが、「若い者が年を取った者を指導するようになる」というスローガンに基づく運動は、二十世紀になって世界各地で発生している。有名なものでは中国の紅衛兵運動、カンボジアのクメール・ルージュ（ポル・ポト派）などがある。共通するのは、若者が年寄りを吊し上げたり、殺したりという事件が、これらの運動から多発していることである。

この狂気に眉をしかめていたGLAの長老たちは、昭和五十二年の九月にGLA全体の理事会を開き、GLAではミカエルという名前を使わないという決定をした。

ミカエル運動の中心であった東京本部は、この決定を無視した。

たまりかねた長老たちは、次々にGLAを脱退した。

まず、中谷義雄さんが率いる大阪の『瑞法会』が脱退し、理事たちの脱退が相ついだ。さらに、三宝出版の堀田和成さんは独自の宗教活動を開始した。また、九州本部の園頭広周《そのがしらひろちか》さんなどは、GLAから離れると同時に高橋信次の法灯を継ぐとして、新しい宗教団体を作った。

GLAに入会していなかった村上和尚は、高橋信次の死後、GLAに顔を出すことなく、観音寺で独自の活動をしていたが、平成二（一九九〇）年に亡くなっている。

狂気を脱出して「基盤」へ

そういう状態にいや気がさしたのは長老たちだけではなかった。当時二十代であった私の仲間たちも、GLAにはほとんど顔を出さなくなっていった。

ただし、あとから参加した人々は、高橋信次の教えに直接触れることがなかったので、そのままGLAに残ることが多かった。あとから参加した人々は、教祖を拝むことが間違いであることをよく認識していなかったし、初めての人間にとっては何も考えずに歌をうたったり、「ミカエル!」と叫んだりするほうが馴染《なじ》みやすかったようだ。

そのころの佳子は、自分自身でも音楽活動をしようとしていたらしく、いくつかの曲を作っている。その中で『ハレルヤ』と題された曲は、注目すべき作品だった。

中世ヨーロッパのグレゴリア聖歌ふうのメロディーなので、もちろん大ヒットするような曲ではない。だが、この曲の和音のあつかい方がシロウト離れしているのである。

難しい説明で恐縮だが、一コーラスのおしまいごとにサブスティチュート・ケーデンス(代理終始)の和音をつけて、コーラスごとにキー(調)が上がっていき、曲がだんだん盛り上がっていくというものだった。作曲理論を学ばないと作れない手法である。佳子が一時期、音楽の勉強もしていたことがうかがい知れる。

さらに、平井たちによって歌手デビューも計画されていたが、それは果たせなかったといわれている。

東京本部は佳子をあがめ続け、高橋一栄さん、関芳郎さんを中心に新しい組織固めを図っていった。増本瞭さんや、『生長の家』元幹部の谷口健彦さんなど、あとから加わった人々も幹部として登用されるようになった。

さて、先の長老たちの大量脱退があったころ、遠藤邦雄さんに久々に会った。

「こんどGLAの合宿が山形の蔵王である。バンドのメンバーが足りないので顔を出さないか」

「ギャラはいくらくれるんだい」

「ギャラは出さないけれど、宿泊代は出す」

私は久々にGLAをのぞいてみる気になった。そして、蔵王のそのホテルに電子オルガンとアンプを運び込んだ。ギターができる会員と、ドラムができる本部の職員が加わって、三人だけのにわかバンドが結成された。

心配が適中した。会員たちの行動は異常だった。

自分たちの勤める会社の休暇を取った会員たちが、ホテルの中庭に徹夜でステージ作りをしていた。鉄骨を組んで、板を張っている。八百人が座れるという大がかりなものだった。明け方になっても眠ろうとする者がいないのだ。

楽器やアンプのリース代だって、楽器屋に頼めば当時のお金でも十万円ほどは取られたろう。

私自身、「宿泊代を出すが、ノーギャラだ」という遠藤さんの世間知らずの申し出を、よく引き受けたものだと今さらながら思っているが、多くの会員たちが自分が勤める会社を休むという犠牲を払って働いていた。自分の生活拠点である職場よりも、ＧＬＡを大事にするという盲信が発生していた。

当時の遠藤さんは、

「みんなが会社を休んで奉仕活動に参加しており、しかも宿泊代も払っている。君には特別の配慮をしたんだぞ。しかも無料で研修に参加できるんだぞ」

という気持ちであったと思う。

高橋佳子が直接会員たちに犠牲を要請したわけではないだろう。佳子をあがめるためのそんな無意味な犠牲を、よしとするほど当時のＧＬＡの幹部たちは馬鹿になっていたということである。そのようなエネルギーを使うのだったら、ビアフラやバングラデシュの飢えた子供たちの支援に使うべきであった。

さて、二十歳《はたち》そこそこの女の子とはいえ、佳子も自分の先輩たちに無意味な時間を浪費させたことに対する責任は免れない。今、佳子は十分に判断のつく年齢になっている。当時のことを、会員たちにひと言おわびできる程度の勇気はあるのではないかと思うが、どんなものだろうか。

会員たちはおそろいのトレーナーを着て、ＭＢＧのマークの入ったジャンパーを着た若者たちの指示のもとに作業を続けていた。会場の設営や、会員が頭にかぶる色とりどりの紙製の日除け、さらに佳子先生が通るための花道などというのもあった。

年長の人間たちも、若者たちの指示のもとに作業を手伝っている。

高橋信次の時代と違って、ホテルの中ではすべて禁煙・禁酒という厳格なものだった。それには好感が持てたが、会場に来ているおばさん会員たちの様子が、以前とはかなり違っていた。

「ここのホテルのお料理は、まずくてとても食べられたもんじゃございませんわね。お部屋もビジネスホテルみたいで、ゆっくりできませんわ」

ロビーに集まった五十代とおぼしきおばさんたち五、六人がブーブー言っている。「足ることを知るべし」とした高橋信次時代の会員たちとは、まったく違うタイプの人間たちが入会していた。

翌日の朝、徹夜組によるステージは完成していた。私たちのバンドのファンファーレで、講師たちが壇上に登場し、朝のあいさつをする。

やがて、歌の時間が始まる。この歌の時間がまた異常で、会員同士が肩を組みながら同じ歌を何コーラスも、しかも一時間以上もうたうものだった。伴奏をするのがイヤになり、そ

ばにいた叶内さんに、

「もう、この辺で打ち切ってよ」

と言うと、すごい剣幕でにらんでくる。

やがて司会の講師が、

「この素晴らしい空気の中で、誰もがうたいたい歌、それは何ですかー」

と叫ぶと、会場から全員が、

「ふるさと！」

と叫ぶ。あらかじめそういう段取りになっているらしい。

私たちは伴奏をはじめたが、この八百人のリズムの異常さにはついていけなかった。

つまり彼ら彼女らは、

「うさぎおいしかのやま〜〜〜〜〜〜。こぶなつりしかのかわ〜〜〜〜〜〜」

というふうに、ひと節ごとに変な休みをつけるので、バンドでの三拍子の伴奏がまったく不可能だった。小人数なら、バンドの音が大きいのでバンドに合ってしまうのだが、音痴の人々が八百人もいるというのはすさまじいものだ。

歌と伴奏の間は二拍、二拍半、三拍、三拍半というふうに複雑にずれていき、どうしても修復不可能になってしまう。いやはや、おもしろい体験をさせてもらったものである。

伴奏のあとで、したり顔の叶内さんが私にこう言った。

「菅原君。君の伴奏には心が欠けていますね。心が不調和だから合わないんです」

腹を立てた私はこの男を殴りつけようと思ったが、ギターを弾いていた今井さんに止められた。彼はアメリカの大学で薬学を研究してきた男だった。

「音楽のわからない人間に何を言っても無駄だよ。殴ったりしたら、ここにいる全員に吊し上げられるよ」

午後になって、佳子が登場し、会場は興奮のうずで一色になった。佳子は頭のてっぺんから黄色い声を出して、説法を始めた。

バンドの仕事から解放された私は、ホテルのロビーに行ってタバコを吸いはじめた。するとGLAのトレーナーを着た中年の男が、ひとりぽつねんとロビーに座っている。

「あなた方の先生が今、話をしてますよ。聞きに行かないんですか」

と言うと、

「気が重いもんで」

と言う。いぶかしんで、タバコを一服すすめた。

「ここで、タバコを吸っていいんですか」

「そりゃいいに決まってるでしょう。普通のホテルですから」

「いや、ありがとう。一日ぶりのタバコです。あなたはGLAの会員ではないんですか」

「遠藤君にさそわれて、バンドの伴奏に来ただけですよ」

この男性は、叶内さんが経営するハイメカニック工業の部長だという。叶内さんがＧＬＡに帰依して以来、社内にはＧＬＡをすべてに優先するという風潮が芽ばえはじめた。部長という立場上、ＧＬＡ社員と非ＧＬＡ社員とのあつれきの間に挟まれて苦しんでいるという。

今回、合宿に参加したのも、非ＧＬＡ社員に対して、ＧＬＡが経営にプラスになることを説明するために勉強に来ているのだが、ミカエルをあがめ奉るだけの集会なので、部下に対して説明する方策が見つからない。今ではハイメカニック工業を辞めようかどうか迷っているが、家族のことを考えるとふん切れない。自分ひとりだったら上野あたりに行って野宿をして一生を終えてもいいのだが、と言う。

この男性の苦しみが手に取るようにわかった。叶内さんにはまったく理解できない悩みであろう。

「あなたの生き方はとても正しい生き方だと思います。叶内社長の生き方は、ごまかしの人生です。自分が信じる宗教や教祖を社員に拝むように勧めるのは、社長のとるべき道ではありません。社長自身が尊敬されるような人生を歩み、社長として社員の生活を守る努力をすれば社員は素直についていきます」

「私も何度も社長にそれを言ったのです。しかし社長は、正法の世界を知ることこそ、正しい経営だ。社員の全員がＧＬＡに帰依するように努力するのが私の使命だと言って、ゆずらないのです」

「そういう経営者はいつか破綻します。あなたのような人こそ、社員たちのことを考えている人です。どうか頑張って、今のご苦労を乗り越えてください。ハイメカニック工業がうまくいくように心からお祈りします」

そう言って、なぐさめるしかなかった。

神からのプレゼント

はしかのようなミカエル・ブームは下火になっていった。ＧＬＡをかきまわした平井和正も離れていくようになった。佳子自身も幹部たちも、今までのルンルン路線のナンセンスさに気づいていったようだ。

ＧＬＡを批判する人は、おおむねこのミカエル路線を指して「高橋佳子は父を愚弄してＧＬＡをだめにした」と言っているようだが、それは正確ではない。

「昭和五十二年前後に平井和正の関与によるミカエル・ブームというものが発生したが、一年ほどで沈静化した」

と言うべきである。

ＧＬＡから離れた人々は小教団を形成するようになっていった。学者の説によると、その分派は三十を超すという。

ほとんどの団体が霊道の強調をやめて、八正道の修行を中心とする顕教的な方法を取っている。佳子の路線に対する反発もあるだろうが、分派して教祖になった人々には、霊能力を十分にコントロールできる者がいなかった。

中には霊能力を強調する分派も発生したが、一般の人には意味が理解できないような、オカルト的な教義をかかげただけに留まっている。

佳子の場合は、子供のころから霊能力が強かった。その霊能力の強さが、逆にミカエル・ブームという集団ヒステリーを生み出したともいえる。

この集団ヒステリーは佳子や平井のせいだけではない。非常にカリスマ性の強かった高橋信次の死という事態に、幹部全員が対応できなかったせいでもある。その上、会員たちは佳子が奇跡を起こしてくれるだろうという期待もひそかにいだいていた。

つまり、高橋信次のカリスマ性は人々に安心感を与えたが、GLAの危機に対するマニュアルの欠如にもつながっていたのである。幹部たちはマニュアルなしで教主の交代を行なわなければならなかったのである。

たまたまこの若い教主、佳子は人見知りをせず、その上世間知らずだった。だが困ったことに、霊のしくみをよく理解していない幹部たちよりも、霊の世界をよく知っていた。高橋信次の講演会で、アポロやミカエルの意識になりきって演説を行なう、という場数を十分に踏んでいたからだ。

したがって、幹部たちの助言を素直に聞くような娘ではなかった。いや、幹部たちに佳子を指導する能力がなかったと言ったほうが正確か。

そういう意味で、ミカエル・ブームは必然的な事件でもあったのである。

ミカエルを言わなくなった佳子は、学業に打ち込むようになった。一時騒がれたマスコミや文化人たちからのお声がかりはまったくなくなってしまった。

夜遅くまでワープロに向かい、生まじめな文章を作り、三宝出版に持ち込むようにもなっていった。ワープロから派生するだじゃれみたいな文章も作っている。

ミカエルと打ち込んで、変換を間違うと「見返る」と印字される。彼女は「見返る」という変換を見つめながら、反省と禅定《ぜんじょう》の方法を少しずつ学びはじめたようだ。

父と自分との立場も、この間に振り返っているようだ。

霊能力というものは、一度開いただけでは役に立たない。ちまたの大部分の霊能者は、何らかのきっかけで霊道が開き、そのままの状態で低空飛行をしている。

佳子は中学生のとき、父の影響で霊能力を開いた。その後、父のもとで知らず知らずに磨きをかけられている。父の死後、平井和正との出会いで一時、霊能力の色あいが大きく変化して、取り返し不能の寸前にまで陥った。

しばらくは低空飛行のままであったが、心が成長するとともに、子供のころの能力を取り戻しはじめた。おそらく父から指導された禅定を時間をかけて行なって、自分を見つめ直したのだろう。

学校へ通う電車の中や街の人々、男たちが自分を見る淫乱な目、浅草の近所の山谷の労務者たち、ボランティア活動をする学友たち、意味のわからない大学の哲学書、GLAの生まじめな職員たち、そしてあいかわらずGLAに持ち込まれる個人の問題の数々、叔父や叔母から聞いた父の出自。

そういったものが、やっと佳子に目覚めを与えはじめた。盛んに本を読むようになった。世界中に素晴らしい人たちがいることを知った。偉人といわれる人々の心のひだが少しずつ理解できるようになっていった。おぼろげながら人間の悲しみが読めるようになっていった。知らず知らずのうちに八正道のいくつかを実習するようになっていった。ただし、母やGLAを離れて、社会のために身を挺するというまでの勇気は持てなかった。

よくまとまらないままに、「基盤」という概念をGLAの機関誌に書きはじめた。父がやっていたのは、過去生を理解して業《ごう》（カルマ）を修正するというものだったが、佳子は、自分が生まれてから現在までの自分を形成した家族、環境を深く考えるようになっていった。「人生の基盤を考えてみたときに、自分がひとりで生きてきたのではないということに気づかされます」

佳子は講演会の中で、人生を形成する「基盤」という概念を述べはじめるようになっていった。その追究の方法は誰もやらなかったほど生まじめなものであった。

佳子の説明は主語と目的語が明確でない上に、単語を定義せずに使うくせがあるので、とてもわかりにくい。簡単に説明すればこういうことになる。

――人間が持っている恐怖心は、その人が生まれた時代や社会の人間関係の中で形成される。つまり、その人が生まれた「基盤」が、その人の人生に影響を与えるのである。自分が正しく人生を背負っていくためには、まわりからどんな影響を受けたかを正しく自覚しなければならない。その作業をしない限り、自覚した人間として歩むことはできない――。

佳子は人生の「基盤」を探るための謎解きの旅に出発することを、GLAの会員に訴えた。しかし佳子は、この作業が単なるタマネギの皮をむくような永遠の謎解きに終わってしまうということに気づかなかった。

GLAの会員たちのほとんどが、

「自分の『基盤』を理解せずに社会的実践活動をすれば、間違いを犯すのではないか」

と考えはじめ、羊のようにおびえた生活をしながら、GLAに通ってタマネギの皮をむく作業に勤しむようになっていった。

会員たちはわけがわからないままに言いはじめた。

「自分の『基盤』を知ること。これが一番大事なことです」

そういった解けない謎の「謎解きの旅」に出発した佳子は、一方で、社会的に影響力のある経営者の指導が大事であると考えはじめた。

経営者だけを集めて、研修をすることを開始したのである。佳子は、経営者たちが見逃しがちな社員の気持ちを汲み取る努力、環境や社会と調和した企業活動などを、自分の霊能力を応用しながら指導しはじめた。そこではかなり適格な指摘をしている。しかし、指摘は正確であるものの、指導の能力には迫力が欠ける。

指導を受けている側のほとんどが、佳子から言われた意味を理解できないでいるのである。当然であろう。佳子のように自分の謎を解く作業よりも、経営努力による社業の安定を考え続けてきた人々であるからだ。

たとえば、ある田舎の自信過剰の経営者が、儲けを求めて環境を破壊した開発をしたとする。佳子は、この経営者を霊視する。

「あなたには亡くなった弟がいますね」

「はい、います」

「今、弟がどういう気持ちであなたを見ているかわかりますか」

「わかりません」

「あなたの会社が自然を破壊していることをとても悲しんでいます」

経営者はびっくりする。佳子は、じゅんじゅんと諭《さと》す。

「今、ここに弟さんが来て、こういう服装でじっとあなたを見ていますよ」

経営者は泣き出す。

やがて、この経営者は地元に帰り、こう語る。

「佳子先生は素晴らしい。弟を霊視したよ。開発反対って言ってるって。よくわかるもんだなあ。オレ泣いちゃったよ」

かくして、この経営者は一方で佳子の霊能力に感心しながら、一方で会社の開発を精力的に進める。佳子は、この男の会社の根本的な間違いを諭したつもりでいる。しかし、この男は思う。

「全部造成してコンクリートを敷こうと思っていたが、それはやめよう。なにせ弟が悲しむからな。そうだ芝生を植えよう。そうすれば近所の造園屋のおやじも喜ぶ。弟も喜ぶだろう。会社のイメージもぐっとよくなる。佳子先生は素晴らしい」

つまり頭の中で、佳子の指導を自分にとって都合のいいように切り換えてしまうのである。

地元のＧＬＡの集会にこの男は登場して、符牒言語を使いながら報告する。

「私は佳子先生から大事な学びを得ました。自然を壊さない開発。私はこれをモットーとして、調和ある会社経営をすべきであることを知ったのです」

ＧＬＡの会員たちは事情を知らないので、この男の詭弁《きべん》に気づかずに、大きな拍手をする。開発で被害を受けた地元の人々は、この男の詭弁に怒ると同時に、開発を許したＧＬＡの高橋佳子という教祖を軽蔑する。そして、天にいる弟はこの状態のすべてを見て涙を流し続ける。弟は開発自体が地域社会に迷惑をかけることを生前に気づいていたのである。

佳子は、この男の詭弁にすでに気づいている。自然破壊である開発自体をやめるように指導したはずなのに。そして、やるせない気持ちで思う。

「この男に正しく理解させるためには、どういうふうに指導すればいいのだろう」

実は、こういう男は指導しても無駄なのである。逮捕や倒産などの社会的な罰を与えられない限り反省しないのが、このタイプの男である。私だったら、善導するなどという時間の無駄遣いをやめて、地元の市民団体やマスコミに協力してもらって、この男を指弾する。場合によっては、法廷闘争を行なうかもしれない。

高橋信次は、相手の過去の心の中の出来事を引っ張り出して、ゴリゴリやった。場合によっては、有無を言わせないほど相手の心の中を明らかにすることも行なった。

それに比べて、佳子の指導はかなりソフトである。しかも、高橋信次のように簡単明瞭ではなく、ときには哲学的な言い方をしてしまうこともある。佳子の努力は人々の無知と欲望の前に、いつまで経っても成果を上げられないようだ。

高橋信次は、どちらかというとピュアな心の持ち主の心の琴線《きんせん》に訴えかけて、法を説くということをしていた。地球上には、三つのタイプの人間がいる。そのうちの三分の一であるピュアな心を持たない人々には、法を説いても理解してくれないとして、最初からあきらめていた。

佳子は、その生まじめな性格からか、ピュアでない心の持ち主にも法を説こうとしているようだ。私が思うに、心に琴線が欠如している人は、どんないい話を聞いても、響くということができないのだから、無理ではないか。

「悪魔をも神に変える」という気持ちは大事だとは思うものの、琴線が先天的に欠如している人には、外科手術で琴線をつけるような処置が必要ではないか。

ピュアでない心の持ち主は、よっぽど自分にとって大事なものを失ったり、再起不能なほどの痛い目に遭うといった外科手術を受けないと、心に琴線が生まれないようである。

心の中が鬼のようでありながら、表面上は信心深い人が世の中にはたくさんいる。そういった人々は、信心深いというだけで、心の琴線は振動していないのである。なにせ、琴線がないのだから振動しようがない。

佳子は地球環境の危機を切実に訴えているが、彼女のやり方では個人個人の謎解きに時間がかかりすぎて、ボロボロになっていく地球に対する対応が手遅れになってしまう。

もうひとつ、佳子の努力がむなしいものになっている例を挙げよう。

佳子は、他人には自分が心を込めたものをあげるべきだというモットーを持っている。自分にとって大事な人だけでなく、ＧＬＡの会員にも、手編みの手袋や自家製のケーキをプレゼントするようにしている。会員が毎日自分を大事にしてくれていることへの恩返しを、いくら忙しくても自分の手で時間をかけて行ないたいのである。

佳子はある通信販売会社の社長に、お礼の手紙とともに、自分が作ったケーキを届けた。この社長が天にも昇る気持ちで感激したのは想像がつく。

社長は佳子からのケーキを冷蔵庫にしまい、ひと晩考えた。

「あのケーキを誰にごちそうしようか」

自分の会社の幹部社員で、GLAを理解してくれそうな人々の顔を思い浮かべた。高橋佳子の著書も、彼らに何冊かプレゼントしたことがある。

「佳子先生が、じきじきに手作りのケーキを送ってくださったんだ。彼らはきっと感動するだろう」

この社長は、自分にとってのスターは他人にとってもスターだと思い込んでいる。そして、その思い込みには正当な理由があると感じていたところが悲劇であった。

ハイメカニック工業と同じ悲劇が、ここでも起ころうとしていた。

社長は珍しく自分でケーキを切り分けて、皿の上に載せた。彼の片腕として信頼していた幹部社員のAのところに持っていった。Aは何の不満も言わずに黙々と働いて、会社を盛り立てている男であった。

「A君。佳子先生から、じきじきに君にケーキが届いたよ」

社長はさりげなく言って、Aの顔をのぞき込んだ。Aはコンピューターに向かって難しい顔をしながら仕事に集中している。

「高橋佳子先生からのケーキだ。ここに置いとくからね」

「はあ、ありがとうございます」

Aはそのケーキを左手で取り、コンピューターの画面を見ながら口に運んでいった。半分ほどが口からこぼれて、キーボードを汚した。

「あ、いけねえ」

Aはキーボードにこぼれたケーキのかすを手で払って、また作業を続けた。

社長は怒りにふるえた。どんなに金銭を積んだところで手に入らない佳子先生のケーキを、この男は一瞥《いちべつ》もせずに口に運んで、ボロボロこぼして、まるで汚いもののように手で払っている。

Aはあとから述懐している。

「仕事の最中にお菓子が届くということはよくありますよねえ。○○先生からと言われたような気もするんだけど、先生なんて、世の中たくさんいますしねえ。社長から佳子先生の話は何回か聞いていたけど、あのときは忙しかったから名前が結びつきませんでしたねえ」

同じ日、社長はさらにT、K、Yの三人の幹部社員にもケーキを持っていった。彼らの反応はAと似たりよったりだった。

社長は期待していた社員たちにひどく失望した。しかし、失望したのは社員たちのほうであった。そういった社長の態度に耐えられなくなった幹部社員が、こぞって退社してしまったのである。

社長にとっても大きなダメージだったが、社員たちは生活の基盤を失ってしまった。

このエピソードを紹介したのは、実は「心」に関係した重要な事件だからだ。

「ケーキを食ったとか、食わないとか、大した事件ではないじゃないか」

と読者は思うかもしれない。しかし、このケーキ事件の構造は、宗教団体を考える上で実に重大なテーマなのである。

浅草には、おいしい菓子屋がたくさんある。それらの店に行って、相手に宅配便で届けてくれるように言えば、手間ひまがかからない。佳子はそういうことをせずに、自分の気持ちを相手に伝えたかった。忙しいにもかかわらず、手作りのケーキをきれいに梱包して、発送した。

ところが、受け取る側は一般の人ではないのである。佳子はそのことにまったく気づいていない。受け取る側は、佳子をあがめているという特殊な人間なのである。

中には、佳子からのケーキを百くらいの断片にカットして、支部の全体の人に配った人もいる。受け取った会員は「佳子先生が自らの手で作ったケーキだ」と感激して、口の中に入れた小片を、ゆっくりと時間をかけて感動しながら味わう。

要するに、有名人と握手をした手を何日も洗わないでいる、熱狂的なファンと同じ心理である。ただし、映画やテレビのスターたちのファンは、それを自分の心の中にしまっているだけだから、第三者への被害は発生しない。

佳子のファン、つまり佳子を教祖としてあがめる人々は、他人にも佳子をあがめるべきだと強要する。

「なぜなら、佳子先生の教えは素晴らしいものであって、あなたもその教えを知れば、正しい生活をできるようになるからです」

というのが彼らの理屈である。

自分たちが正しい生活をしているかどうかという検証は、この際関係がないのである。しかも手作りのケーキが送られてきた時点で、自分には、

「佳子先生に目をかけてもらっている」

という選民意識が芽ばえる。佳子のファンであることを当のスターから認知されたようなものである、と言ったらいいだろうか。

「佳子の努力がむなしいものになっている例」として、このケーキ事件を紹介したが、ここまで考えてくると、「むなしいものになっている」どころか、「被害を生み出している」という側面も見えだしてくる。

佳子のケーキに感動している会員が経営している会社の社員や、家族にとっては迷惑な話であるからだ。

佳子がやろうとしている符牒言語である「基盤」の謎解き。そして、社会の指導層である

経営者の教育もともに、うまくいっていないようである。

ケーキ事件に象徴される会員の盲信が、佳子の努力をはばんでいるのである。会員にとって教祖はスターなのである。ましてや佳子は、現在三十代の女ざかりの独身である。一般的な、老人たちに率いられている他の宗教団体よりはカッコいいのである。会員は教祖にある種のあこがれを持つものである。

佳子のほうは、生まじめに人生の秘密を考え続けている。しかしスターの出現を期待するタイプの会員にとっては、佳子は、あいかわらず昔のミカエルであってほしいもののようである。

〔第七章〕

私にとって高橋信次とは

私は加害者である

さて、高橋信次とGLAのことが少しでもおわかりいただけたと思う。これ以上詳しく書くとなれば、長い小説の形態をとるしかないであろう。

自分がわからないことを高橋信次に相談に行ったのがきっかけで、思わぬワンダーランドに入り込んでしまった。

私は、宗教が発生する萌芽《ほうが》というものを体験することができた。読者のみなさんもこの本を通じて、その一部を体験していただけたと思う。

高橋信次は、

「私が、今こうやって教えているのは宗教ではありません。人が正しく生きるべき道です」

と語っていた。

しかし、人々は高橋信次を神格化することを望んだ。高橋信次自身もそういった人々の欲望に抗するすべを持てなかった。

現在のGLAもそうである。

「GLAは宗教とは違うものです」

会員たちはそう語ることが多い。

今、読者がGLAを訪ねていっても、会員にはしてくれないだろう。GLAには一般的な他の教団のような、会員数を増やしてお金を儲けたいという欲求はない。したがって現在は、会員の紹介があった上で、審査をしてから入会を許可するという方式をとっている。第六章で私が触れたような弊害を、佳子や幹部たちがまったく自覚していないというわけではない。だから会員拡大に対しても、慎重な方法をとっているのである。

マスコミからの佳子への取材の要請に対しても、

「取材に応じないというつもりはありませんが、現在のGLAは慎重に心を見つめていくという方法をとっていますし、新しい方々をすぐにお迎えするという準備もできていません」

と言って、丁重に断っている。一時のようなマスコミへの憧《あこが》れはほとんどなくなり、理性的な教化活動をしているといえる。そして会員の数は、マスコミに知られないレベルで少しずつ増えていっている。高橋信次存命のころよりも実数は多いかもしれない。

そういった慎重さにもかかわらず、佳子を神格化する会員たちのまわりには、思わぬ悲劇が発生し続けているのである。

つまり宗教にかかわるということは、その人の普段の精神生活が増幅されてしまい、その宗教の被害者であり、他人への加害者であるというしくみに組み込まれてしまうという道理から、抜けられなくなるのだ。

高橋信次存命の時代には、被害と加害の関係はあまり露呈しなかった。つまり、強烈なカリスマ性を持った教祖が、その関係をコントロールしようとしていたからである。

「高橋先生はお釈迦さまでございます。そのお釈迦さまにお会いできて、私はこの上もない幸せ者でございます」

などと言う老婆がいたとしよう。そんなとき、高橋信次はちゃめっけたっぷりに、こう言ったものだ。

「本当にそうですか？　私はうまいことを言っているけど、悪魔の化身かもしれませんよ。あなたは、心にフィルターをかけてそう判断しているのですか」

そして、聴衆に向かって「盲信」の恐ろしさを説きはじめる。

つまり、高橋信次を神格化しようとする人間を発見すると、ただちにその思いを切り替えるように説いていったのである。

したがって、高橋信次の死後、ＧＬＡから派生した団体のほとんどが、高橋信次に言わせれば「盲信」の集団ということになる。つまり、高橋信次をあがめて、高橋信次を神理の発見者であるかのようにあつかっているからである。無神経な団体になると、高橋信次の写真を祭壇に飾ったりしている。

高橋信次はセクト主義を持ち込んではいけないと言っていた。そして、セクト主義が盲信を生み、教祖の神格化を引き起こすと警告していた。

彼が言うセクト主義というのは、分派のことを指すのではない。宇宙にたったひとつしかない神の経綸である正法をゆがめることを指している。

もっとわかりやすく説明しないと無理なようだ。

仏教を説いたのは釈迦である。それが中国に伝わり、数百人の優秀な僧侶が日本に仏教を伝来させた。そこまではいい。しかし、それからがいけない。真言宗、天台宗、日蓮宗などという宗派が生まれ、その開祖を拝むようになってしまった。それをセクト主義と呼ぶのである。

一番漫画チックなのは『曹洞宗』である。開祖の道元は著書『正法眼蔵《しょうぼうげんぞう》』の中で次のように語っている。

「釈迦の仏法を禅宗とか曹洞宗とか呼ぶのは誤りである。その証拠に釈迦の時代には禅宗とか曹洞宗という名称はなかった。釈迦の正法をこういうふうに言うのは、悪魔の言うことであり、正法を受け継いだものの言うべきことではない」

開祖がこれだけはっきりと言っており、曹洞宗の僧侶なら誰でも知っていることでもあるが、彼らは道元の言葉より悪魔の言葉が好きらしい。この二十世紀の宇宙時代に至っても、曹洞宗というセクト主義の名称を彼らは捨てようとしない。

したがって、教祖の写真を飾るということはとても危険な行為なのである。宗教の歴史がそれを証明しているにもかかわらず、これらの人々はいまだにそのことに気づこうとしないようだ。つまり被害・加害の関係の発生を、誰もコントロールできなくなってしまっているのである。

佳子の場合、無意識のうちにこのことに気づいていたふしがある。その証拠が、一時期派生した高橋信次の全面否定である。

平井和正たちの前で佳子が話した発言もそうだが、昭和五十二（一九七七）年の九月に佳子は『ミカエル宣言』という文書を発表している。

内容をかいつまんで説明すると、

「釈迦とキリストを指導したのは、この私ミカエルであり、高橋信次の教えはもはや必要ない。昭和五十七年までに世界の人類はミカエルの前にひざまずく。ミカエルに波動を合わせなさい」

というものである。後継者が先代よりも大きなカリスマ性を持てば、先代は神格化されなくなってしまうからである。

ところが、この発表された『宣言』の内容自体があまりにも馬鹿げていたために、それは成功しなかった。

しかし現在のGLAは、高橋信次や佳子の写真の掲載を意識的に避けている。会員の拡大にしても、教祖の神格化の防止活動にしても、かなり慎重であることに気づく。

つまり分派した各教団よりは、本家のGLAのほうがはるかにまともなのである。そのことはほとんど知られていないので、GLAを代弁して、ひと言述べておく。

さて、私はかなりの人々をGLAにさそってしまった。自分だけがさっさとGLAから離れてしまい、脳天気に暮らしてきた。生まじめな友人たちの多くが今でもGLAの会員になっており、中には幹部になっている人々もいる。

そして、彼らの全員がこう言う。

「あなたのおかげでGLAを知ることができたので、感謝しています」

だが、感謝などしてほしくないのだ。GLAにあなたを紹介した私をこそ追及すべきである。なぜなら、ハイメカニック工業の実直な部長をあれだけ悩ませたのも、私が増本さんをGLAに紹介したのが遠いきっかけになっている。ケーキ事件で通信販売会社を辞めた社員たちが路頭に迷っているのも、宇宙体操の後始末で私がGLAに連れていった女性が、その会社の社長をGLAにさそったからだ。

加害者としての私の罪を問う人は、現実には誰もいないことは知っている。しかし私は、自分が加害者として多くの人をワンダーランドに引き込んでしまった罪に気づいてしまったのだ。

そして、宗教というものがこの世にある限り、読者のひとりひとりが長い伝達ゲームの中で、被害者になり加害者になり続けるのだ。

GLAの人々にも、そうでない人々にも言いたい。

「自分は加害者のひとりだということを自覚してほしい」

――と。

ゼロ地点の宗教

宗教がこの世になければいいのにとは思うものの、それは無理な話である。

それでは、宗教が被害者を生み出さないためには、どうあればいいのだろうか。

私たちはGLAの成立のその一部をのぞき見ることで、宗教の萌芽と盲信の発生を知ることができた。世の中にはたくさんの宗教があるが、この「盲信の発見」というのは、その宗教の萌芽期にしか気づくことのできない貴重なものなのである。

新しい宗教は世間から注目されるので、早めに問題を発見できるのである。

それにくらべて、古くからの宗教は盲信のデパートメントみたいなものであるが、形式化した儀式に参加する信徒たちが、その中から盲信という悪魔を摘み採ることは不可能に近い。すっかり社会や家庭に定着してしまって習俗になっているからだ。

ところが、天才がときどき世の中に現われる。古くからの宗教が抱え込む盲信をはっきりと指摘し、迫害をものともせずに改革する少数の人々だ。そういった人々が盲信とどうやって戦ったかを復習してみよう。

イエス・キリストがそのひとりである。

どうやって悟ったのかは知られていない。しかし、存命中からの弟子たちが、その言行録を記録しているので、おおむねの教えや行動は知られている。

イエスの行動のすべては、当時の宗教から派生していた盲信によって苦しめられていた人々を救済するものであったといえる。

たとえば、長年の習慣で行なわれていた神殿での物売りに対する過激な行為である。イエス・キリストは、家畜の行商や両替商のところに行って、テーブルを倒し、お金を引っくり返した。そして、「私の家は祈りの家である」と書いてある神殿の看板を指して言った。

「あなた方は、この家を強盗の家にしている」

時代こそ違え、この日本にも似たような場所はいくつでもある。しかし、そこで相手にわかるデモンストレーションをして、はっきりと正しいことを言える人がどれだけいるであろうか。また、それが受け入れられるだろうか。

さらに、イエスは当時の盲信を否定する活動を何度も行なっている。

ハムラビ法典で有名な「目には目を、歯には歯を」という対価報復の法則を、イエス・キリストは否定した。

この法則は、

「目をやられたからといって相手を殺すな。相手の目をつぶす以上の報復をしてはいけない」

という当時は広く受け入れられていたもので、過剰な報復の抑制策だったのである。しかしイエスは、それすらも盲信とした。

「報復をしてはいけない」

と断言し、隣人愛の原理を説いたのである。当時、民族紛争を抑制するものとして広く受け入れられていたのが、ハムラビ法典の原理だった。それを時代遅れだとして、歴史上初めて否定したのである。

この隣人愛の原理は、その後のキリスト教に採用されたとは思えない。なぜなら、神の名のもとに、数多くの戦争がくり返されてきているからである。

つい先ごろも、アメリカのブッシュ大統領がイラクに報復攻撃をした。この大統領は就任式で、聖書の上に手を置いて神の前で正義を行なうことを誓った。その聖書には、イエスが報復をしてはいけないと言ったことが明記されている。

またイエス・キリストは、姦通をした女に石をぶつけようとした人々にこう言った。

「あなた方の中で罪のない人が石をぶつけなさい」

現代の日本には、アジア各国から来た売春婦たちがたくさんいる。平成六年現在で、その数は十万人と推定される。そのほとんどはギャングたちに管理され、客からの金を渡されておらず、ただ働きをさせられている。この女性たちを買った日本人男性は、平成四年の推定では、のべ百五十万人である。ギャングに渡ったお金の推定金額は四百五十億円である。

さて、人々は言う。

「彼女たちが日本に来るからエイズが流行するんだ」

自分たちの欲望を満たし、ギャングたちを太らせ、女性たちに石をぶつける構造は、この日本でもますます大きくなってきているようだ。

二千年前のイエス・キリストの改革は、こういうふうに現代に置き換えて考えると、きわめて新しいものだということがわかる。そして、キリスト教と呼ばれる集団は、いまだにその開祖の教えを理解していないということも浮かび上がってくる。

マホメットの宗教改革について復習してみよう。

マホメットが説教を始めたころ、メッカのカーバ神殿の中は悲惨な状態だった。さまざまな霊能者が、迷信による神々の像や動物の像をかかげて金儲けをしていた。現代の日本では、水子供養や多宝塔やお守りなどで金を儲けている人間がたくさんいるが、当時のカーバ神殿には、そういったたぐいのでたらめな神さまが三百以上祀《まつ》られていたという。人々は、カーバ神殿に出向いてはさまざまな神さまに金を払い、御札をもらって無病息災を祈っていた。

マホメットは言った。

「これらの神々はでたらめである。神は唯一の神アラー以外にあり得ない」

マホメットの言うアラーとは、イエス・キリストの言う唯一神のエホバと同じ存在である。宗教家たちは、自分たちの生活を破壊されることを恐れ、マホメットを殺そうとした。マホメットは砂漠に逃げて、親族や弟子を組織し、数年ののちにカーバ神殿を奪還する。

そのころの日本では、聖徳太子が法隆寺を建てている。

マホメットが奪還したカーバ神殿からは、すべての神像と装飾品が廃棄され、何もない祈りの場となった。そしてその後、現在に至るまで、この神殿には神像や装飾品は運び込まれていない。

マホメットは当時の盲信に対して果敢な戦いをいどんだ。女児が生まれると殺害するという当時の恐ろしい風習を嘆き、女児を殺してはいけないと宣言した。さらに、戦争未亡人とその子供たちを保護するための厳格な再婚法も作った。

ところが現代のイスラム教徒は、女児を殺すことはさすがにしないが、女児が生まれると誕生の祝福をしないという風習をあいかわらず温存している。

さらに、マホメットは職業宗教家の発生をきらった。労働をすることで生活の糧《かて》を得るべきことを強調し、率先して労働をした。

そして、自分を教祖とした宗教が発生することを極度に警戒した。

「私は、神の言葉を伝えるだけのただの人である。私の肖像を描いて拝むようなことがあってはならない」

マホメットは自分の先輩であるイエス・キリストの肖像がたくさん描かれ、盲信という被害が各地で起きているのを見てきたのである。

エジプト資本によって作られた『ザ・メッセージ』という映画をご存じだろうか。マホメットの生涯を描いた映画である。この映画はマホメットの教えを忠実に守り、マホメットの姿を映画の中に登場させていない。

イスラム教社会では、マホメットが言行録を書いたことや、マホメットの戒律を法制度として各国が取り入れたことも影響して、宗教改革の理念がかなり守られている。日本ではあまり知られていないが、西洋、アメリカ、中東、アフリカ、中国など多くの国で、マホメットが宗教改革者として第一級であると賞賛されるのもそのためである。

さて、キリストとマホメットの宗教改革の輪郭をちょっとだけ復習してみた。ともに偉大な改革者であるが、キリストの後継者たちは、キリストの改革を否定するような動きをしていることがわかる。

つまり、宗教の発生時点のダイナミズムは、その教祖を神格化しようとする動きが発生すると、とたんに消滅してしまうのである。

話をGLAに戻そう。

今に至って、高橋信次の霊言をしゃべる人があちこちに出現している。また、彼の写真を飾る教団もあちこちに出現している。中には、教団の会長が高橋信次の家族の過去生の名前を語り続けている団体もある。

ここまで読んできた読者には、そういった団体は盲信の集団であることが十分に理解できるはずである。

「そういうものは狐か蛇のような動物霊のしわざですよ」

高橋信次はよく話していた。

偶像崇拝の恐ろしさというのは、決して無視できないものである。

「先生の写真ぐらい飾ってもいいじゃないか」

という軽い気持ちが、恐ろしい結果を引き起こす。

宗教活動において、改革者や開祖の絵や写真を飾ることは、偶像崇拝という盲信を意味する。そして、その改革の否定を意味する。

おわかりいただけたことと思う。

生地・佐久平を訪ねて

今からちょうど一年前、小諸に出張する機会があった。急に近くの佐久平を訪れたくなった。高橋信次が子供のころにお参りしていた社《やしろ》や小川を見てみたくなったのである。

高橋信次が、

「私は千曲川のほとりの佐久平《さくだいら》で生まれました」

と言ったのを覚えていたので、地元に行けば社はすぐに見つかるに違いないと思った。

長野県の軽井沢から上田にかけての広い平地が佐久盆地と呼ばれる。北に浅間山を望み、南に蓼科山と八ヶ岳を望む農業地帯だ。その盆地を南北に横切っているのが千曲川である。佐久市はこの盆地の中央にあり、いまだ田園地帯を残す静かな町である。佐久平はこの町一帯を指すようだが、具体的な地名として残っているわけではない。

佐久盆地で一番栄えているのが小諸市。佐久市はその小諸市の周辺の村落が合併してできたものだという。

平成五（一九九三）年の七月。私は小諸市や上田市などの町々を訪ね歩いた。

小諸市には六百人ほどのタイ女性が滞在し、水商売に従事している。大部分の女性は、売春ブローカーの手によって日本に連れて来られた。水商売の経営者たちは、成田空港でブローカーに三百五十万円程度を支払って、彼女たちをもらい受ける。彼女たちは客をとらされ、報酬は三百五十万円を返済するまでもらうことができない。早くて八か月、二年経っても返済できないでいる女性もいた。この借金は決して彼女たちがしたのではなく、ブローカーが勝手に決めたものである。

中には、一日に、ごはん一杯と卵一個だけという待遇を受けている女性もいる。虐待に耐えかねて、東京・目黒のタイ大使館に逃げ込んでくる女性は月に百人を超す。大けがをしていたり、リンチを受けて髪の毛をそられたり、顔に見せしめのためにナイフで大きなバッテンを刻まれた女性もいる。

タイ大使館の職員たちは過労死寸前の忙しさで、これらの女性たちを保護し続けている。小学校も満足に出ていない女性が多いので、旅券やビザの存在すら知らずに、ブローカーに連れられてきたという例も数多い。ほとんどの女性の旅券がブローカーに管理され、本人には渡されていない。

職員たちはそういった女性の身分証明書を作り、入管と連絡をとって強制送還の手続きをとる。飛行機代がなくて帰れない女性もいる。一般には知られていないが、強制送還の旅費は本人が支払わなければならないのである。

逃げてくる女性が働いていた場所は、長野、茨城、千葉に集中している。私は、彼女たちがどういう状態に置かれているのかを調べに行ったのである。

特に私が調べたかったのは、タイ人女性と日本人との間に産まれている子供たちの処遇だった。やはり、母親と子供たちは社会の冷たい目を浴びて、つらい思いをしていた。

イエス・キリストは、姦通をした女に石を投げつけようとした人々にこう言った。

「あなた方の中で罪のない人が石をぶつけなさい」

ところがこの長野では、行政や住民たちが、これら母子をけがれた者を見るような目で見て、数々の不当なあつかいをしていた。

だが、石を投げつけるのをよしとしない勇気ある人々もいた。無償で彼女たちや、その子供たちの面倒を見ている人々がいた。こういった人々は彼女たちの大きな支えであった。

佐久市にある農協経営の佐久総合病院では、ボランティアの人々の力を借りながら、外国人労働者のための外国語による医療相談を行なっていた。外国で病気になったときに最も困るのが言葉の問題である。

そういったボランティアたちの努力にもかかわらず、この長野の地では、誰にでも与えられている人権というものが、かなり踏みにじられていた。

浅間の山にかかる雲はどんよりと暗く、峠にはいつも霧が立ちこめているのがこの地方の特徴である。私は暗澹《あんたん》たる気持ちで国道十八号線を走り続けた。

この地方のそういった風土をもっとも鋭くえぐり出したのは、島崎藤村が明治三十九（一九〇六）年に出版した小説『破戒』である。

自然主義と呼ばれるこの小説は、事実を取材して、それをモデルにするという手法で書かれている。したがって、小諸を中心とした実在の地名がおびただしく出てくる。しかし、そこに書かれているのは、田園地帯の美しい叙情ではなく、陰惨とした人間社会の性《さが》なのである。島崎藤村が書いている通り、いわれなき差別というものは決して許されるものではない。私たちは、それを許す社会とはあくまでも戦っていかなければならない。

高橋信次の生家はなかなか見つからなかった。

どうも、甘かったようだ。佐久平カントリークラブというのがあったので、その近所の農協を訪ねて歩いた。

「この近所はみんな、高橋だしね。でも、この辺にはそんな宗教家はいないね」

「いや戦後、東京に出た人ですが」

「うんにゃ、わからねえ」

しかたがないので市役所を訪ねた。この町には不似合いなくらいの立派な建物であった。最初に市民課を訪ねた。ペルーから来た若者たちが、カタコトの日本語で住民登録の手続きをしている。小諸市を中心としたこの地方の産業は、外国からの出稼ぎによって支えられているということを今さらながらに痛感した。

市民課の中年の職員は、私の問いかけをじっと聞いていたが、

「わかりませんね。調べようがありません」

と首をかしげる。別段、書類を調べることはせずにただ首をかしげて、

「わかりません」

をくり返すだけだった。

あれだけの数の著書を出している高橋信次の名前が、地元である佐久市に伝わらないはずがない。この中年の職員が知らないということがどうも信じられない。

「本当にご存じないんですか?」

「わからないものは、わかりませんね」

しかたがないので教育委員会に行った。

「何か、資料はないでしょうか」

「さあ、わかりませんね」

そこでも書類や資料を見るなどということはなく、職員が首をかしげるばかり。

ひとりの若い職員がやっと反応を示した。

「以前、その人のことを尋ねる電話がありました。わからなかったので、そのままにしていたのですが」

「電話をしてきた人はどんな人でしたか」

「高橋信次さんの信者だと言っていました」

その若い職員は、私を市史編纂委員会に案内してくれた。

「ここだったら年寄りがたくさんいるから、何かわかるかもしれませんよ」

ところが、ここでも反応がなかった。

「うーん、わかりませんな」

五人ほどいた職員はみな、定年が過ぎて再就職した年齢の人ばかりだ。私は、高橋信次が幼年のころ、陸軍幼年学校に行ったこと、近所の社に通っていたこと、高電工業という会社を起こしており、その工場がふるさとにもあることなどを説明した。

彼らは私の話をじっと聞いていたが、お互いにうなずき合いながら、

「やはり、わかりませんな」

をくり返すだけであった。

「この人たちは高橋信次のことをよく知っている」

私は気づきはじめた。彼らにとって、高橋信次はこの土地にいてほしくない人間なのだ。会社の名前まで言っているのに、彼らは資料に手を伸ばそうともしなかった。

「幼少のころからいわれなき差別を受けました」

と高橋信次が話していた現実は、今でも生きているのである。

私は作戦を変えた。町を歩いている年寄りを探し出して、

「高橋信次さんの生家を探しているのですが」

と聞いてまわった。

ふたりめの老婆がすぐに教えてくれた。

「今はもう、家はなくなっているよ」

高橋信次が生まれた家の敷地が、現在の高電工業の長野工場そのものだったのである。立派な建物だった。市役所の人たちが知らないと言い張ったのに、こんなにちゃんとした工場があるということはいったいどういうことだ。

高電工業にいた若い女子社員に、社《やしろ》のことを聞いてみた。

「よくわかりませんわ」

しかたがないので、近所の人に聞いてまわった。六十、七十歳の人々は幼少のころ、高橋信次と遊んだはずである。

「春男（信次の幼名）さんのことを調べて、いったいどうするんだい」

やはり高橋信次のことを彼らは知っていたが、何も話そうとしない。

「子供のころ、お掃除に通っていた社を拝みたいんですよ」

「そんなこと知るかい。高電さんに聞きゃいいだろう」

近くで左官の仕事をしていた男の家に足を向けると、

「私は何も知らないよ。何も聞かないでおくれ」

こちらが質問もしていないのに、大声でそう叫んだ。

やっとのこと探しあてた社は、新しくできた住宅の陰にひっそりと隠れていた。「高電さんに聞きゃいい」と言った男の家のすぐはす向かいだった。

訪れる人がほとんどないらしく、数日前の雨でぬかっている小さな境内には、足跡ひとつついていなかった。今にも崩れかかりそうなその小さな社をのぞいてみると、社の中に小さな文字で「白山神社」と書かれていた。

白山信仰は、東日本各地でいわれなき差別を受けている人々の心の支えになっているものである。

この事実に最初に注目した人は民俗学者の柳田国男である。『所謂特殊部落ノ種類』という論文の中で次のように書いている。

「関東地方ハ穢多部落ノ氏神ハ例ノ浅草新谷町ヲ始トシテ多クハ白山神社ヲ祀レリ。此点ハ頗ル興味アル事実ニシテ他ノ特殊部落ニモ此神ヲ崇祀スル例少カラズ」

この論文に注目した民俗学者の柴田道子氏が白山神仰を研究し、昭和四十七（一九七二）年に書いた『被差別部落の伝承と生活』（三一書房）という本は、数少ない研究書である。

柴田氏は、各地の被差別部落には『長吏由来記《ちょうりゆらいのき》』という文書が大事に保存されていることを記している。

この文書は涅槃経《ねはん》などを引き合いに出して、被差別部落の先祖は長吏という職業に携わっていたということを書いているもので、全国各地で発見されている。おおむね九世紀から十二世紀にかけて書かれたものが多く、どれが原本かはわからない。

私もいくつかの写本を読んでみたが、難解な文書である。

この文書によれば、自分たちの先祖はインド（天竺）から来た長吏《ちょうり》という者である。白山神社のアメノミナカヌシ（天之御中主神）が最高の神であるが、自分たちはその次の格を持った存在である。長吏は天皇と結びついて、子孫を作った。本来ならば自分たちこそ天皇家なのであるが、悪い病気にかかって御所を出ることになった、という内容のものである。

さらに長吏の意味として、白と黒、天と地などの概念の両方を持つ高貴な存在だとしている。自分たちは白山という道具を作る。これは死者を蘇らせる道具である。自分たちが死体を埋める仕事に携わっているのは、白山を作れるからである。なぜなら自分たちは長吏であるからだ、と述べている。

謎だらけの文書であるが、私たちがわかることは、天皇が明確に権力を持つようになった七世紀より前に、何かが起きたということである。

高橋信次が愛した田園や小川は、都市化に浸蝕されて、数年後にはまったくなくなってしまうと思われる状態だった。

そしてこの社は、近所に住む高橋信次の姉と妹が、思い出したときに境内の雑草を抜く程度で、すっかり忘れられた存在になっているようだった。

姉がぽつりとこぼした。

「佐久の人たちはしかたがないねえ。心の勉強をしようとしない」

イエス・キリストの言葉を思い出した。

「私は故郷から追い出されるだろう」

社のわきには、小さな弘法大師の塚と地蔵がひっそりと佇んでいた。

高橋信次は幼少のころ、この社に通い続けて神からの声を聴こうとした。この社の神さまも近所の人々と同じ反応をしたようだ。

「何も知らないよ。何も聞かないでおくれ」

神さまからの解答はなかった。

オウム真理教の危ないメカニズム

連日報道されているテレビや新聞のニュースで、われわれはオウム真理教教祖、麻原彰晃の顔を何度見たことか。「すべてにフィルターをかけて判断せよ」という高橋信次の倣いに従えば、マスコミの報道はかなり割り引いて判断しなければ危険であるものの、オウム真理教が被疑事実に大きく関与していたのは、ほぼ確実であろう。

カメラが映し出す上九一色村や東京・青山のオウム真理教の建物の室内の壁には、麻原彰晃の顔がベタベタと張ってある。

「サブリミナル効果や薬物投与などで洗脳されたから、信者たちはこの男をまるで神のようにあがめているのだろう」

と読者は考えるに違いない。

洗脳されたから麻原をあがめるようになったという判断は、宗教の恐ろしさを知らない間違った判断である。実は、壁にベタベタ麻原の写真を張る信者の心こそが、くせものなのである。

第五章と第六章で述べたように、写真を掲示して毎日のように眺めることを偶像礼拝という。偶像礼拝をすることでサブリミナル効果が得られるのではない。もっと恐ろしい。それは、信者の心をむしばみ、「盲信」を引き出す洗脳手段なのである。

偶像礼拝は、宗教がゆがんでいることを示すひとつの指標だ。教祖や救世主など、つまり人間の絵や写真を掲示している宗教団体は、すべて偶像礼拝を行なっており、ゆがんでいると考えていいのである。そうなると偶像礼拝をしていない教団を探すほうが難しい。そう、大部分の宗教教団が、この禁を犯しているのである。偶像礼拝という洗脳手段を取り入れているのである。

偶像礼拝は、古来のエジプトなどの流れを持つ神像や動物像の礼拝を、ユダヤ教が否定したことからきた言葉である。しかし現在、偶像礼拝と呼ばれるもののほとんどが人間をかたどったものである。

キリストやマホメットは口を酸っぱくして偶像礼拝を禁じた。が、残念ながら彼らは偶像礼拝の弊害についてのメカニズムを説かなかったようだ。「洗脳」という心理メカニズムが発見されていない時代にそれを説くのは、大変な時間がかかったからだと思う。

そのせいかキリスト教では、一部の新教系の教団以外は、キリストの教えにそむく偶像礼拝を平気で行なっている。カトリックは偶像礼拝をする宗教を「異端」として強く否定していながら、キリストやマリアの像を教会の中から一掃しないうそつき教団である。

イスラム教では、さすがに今のところ偶像礼拝は復活していないようだ。マホメットのコーランと言行録が、「イスラム法」としてイスラム圏できびしく守られているせいもあるようだ。

人間には、さまざまな上下関係があって、生まれつき王になる人や、一生を通じて賤民（アンタッチャブル）として地域住民から忌みきらわれる人もいる。

さらに学歴があるとか、会社での地位が高いなど、社会のしくみから発生した上下関係もある。人は差別されるべきではなく、平等であると理屈ではわかっていても、先天的、後天的な身分の差を破ることはとても難しい。

インドのカルカッタを訪ねたときのことだ。現地のヒンズー教系の宗教団体の医学部長とカースト制度について語り合ったことがある。

「これだけ情報が発達しているのだから、下級カーストの人々でも自分たちが置かれている立場を否定して、どこか遠い地方や外国に行くなどして、下級カーストであることを隠して人生を再出発する人はいないのか？」

と率直な質問をした。医学部長は、

「カースト制というのは何千年も続いてきた催眠術なのです。これを逃れるためには、カーストごとにカトリックや仏教に改宗するしかないようです。現実にそういうことはカルカッタでも発生しています。つまりヒンズー教に代わる『何か』が与えられない限り、また元に戻ってしまうのです。その人が所属するカーストは、あなたのような外国人には判断できないでしょうが、なにせ骨の髄まで催眠術にかかっているのですから、インド人にはすぐに見抜かれてしまうものです」

と驚くべきことを語った。

さて、身分とか地位のようなものにも、この催眠術がかかわっているようだ。たとえば、地位の高い人、有名人などの目前に行くとあがってしまい、言いたいことも言えなくなる人が多い。つまり、知らず知らずに自分自身を相手よりも低い人間だというふうに自己催眠をかけてしまうのであろう。

「自分はそんなことはない」と言う向きも多いと思うが、いざ自分が入ったレストランの隣の席に、日ごろテレビでよく見ている有名人などが座っていたら、舞い上がってしまうのが人情であろう。つまりブラウン管の向こうの人は「特殊な人」であり、自分を「普通の人」と考える思考も、いわば身分にまつわる自己催眠である。

問題なのは、教祖になりたがる人々よりも、自分を低い存在として自己催眠にかかってしまうタイプの人々である。

今まで何回も観察してきたのだが、「フィルターをかけて私の話を聞きなさい」と言ってきた高橋信次を、「お釈迦さまの生まれ変わりだ」と言ってあがめ続けてきた信者たちのことである。いくら教祖が「やめなさい」と言っても、信者たちは教祖をあがめてしまうという、いたちごっこが発生する。

オウム真理教の場合には、信者たちが自分を低いものと考える自己催眠の度合いが強いようだ。麻原彰晃の写真がやたら多すぎる。

この教団では、麻原彰晃を最終解脱者と祀り上げている。つまり「悟った人」という意味である。

完全に悟った人ならば、人間的に最高の道徳を持っているはずである。つまり、他人に率先して労働し、常に他人を敬い、生活に必要な最低の収入で満足し、無償の奉仕を続けるような人であるはずだ。

釈迦もキリストもマホメットも、そういうタイプの人々であった。

ところが、この麻原という男は、自分が演壇で演説に向かうとき、弟子たちに白いソファーのまま運ばせるような男である。悟りとはほど遠い人間である。

ことのついでに空中浮揚について述べる。

この本の宇宙体操の項目で述べたが、空中浮揚のような異常な動きは「動物霊パターン」と呼ばれ、すぐにストップすべき現象である。さらにオウム真理教が発表したビデオで見ると、信者たちはアイマスクをしてこの運動を行なっている。アイマスクは自意識過剰の人にとっては非常に危険であり、精神病を誘発する可能性もある。どの団体でも固く禁じているのである。

この状態の軽度なものは「動物霊つき」程度ですむが、重度になっても精神病にならずに、法的責任能力を持つ「悪魔つき」という状態になる場合もある。この本では、悪魔の意味についてはスペースの関係で説明できないが、この状態になると、キリストを山の上で四十日間にわたって試し続けた悪魔と同じような行動をする。

つまり、合理的、論理的であり、並の人間では論破することができない。情報収集能力にも優れ、論理だけでなく、感情に訴えるプロデュース能力も持つようになる。

つまりオウム真理教は、信者自身が持っている低いレベルの無意識の世界をそのまま固定し、さらに「悪魔つき」のレベルまで高めるヨガ行法を行なっているのである。

話は脱線してしまったが、麻原のように、およそ悟りのレベルからほど遠い立ち居振る舞いをする人間であっても、まわりの人々が「尊師」などと呼びはじめて、ブロマイドを壁にベタベタ張るようになれば、偶像礼拝を利用した心理操作はだんだん固定されていく。

さらに、偶像礼拝の次に発生するのは、宗教のセクト化である。

教祖というスターが生まれただけの時点では、一般的にいって既成宗教の矛盾が正確に批判され、それに賛同する人々が集まりはじめる。

麻原はすごく勉強が好きな男らしい。私も彼の書いた本を読んだことがあるが、仏教やヨガやキリスト教について実によく勉強している。大学で仏教学の講義をしてもおかしくないほどの知識を持っているのである。いや、普通の大学の宗教学の教授で、麻原にかなう人はほとんどいないのではないか。麻原は長年かけて勉強した知識で、既成宗教の矛盾をみごとなほどに批判し、まわりに集まる人々を惹きつけたに違いない。

聞くところによれば、麻原は『阿含宗』だけでなくＧＬＡも訪ねている。おそらくもっとたくさんの新興教団を訪ね、その教団の書物を読みあさったのであろう。しかし、神から超能力を与えてもらうことはできなかったようだ。「動物霊パターン」でピョンピョン跳んでいる自分の写真を出版社に持ち込み、宣伝材料として利用した。

このピョンピョン・パターンは、まるで自分の意思とは関係がなく体が動く。一種の痙攣《けいれん》のような副交感神経による反応なのだが、なにせ体が四十センチから六十センチ程度、ポンと跳ぶ。まさに空中浮揚をしたという実感を持つことができる。指導者がいればいいのだが、麻原はひとりで行なったのだろう。おそらく、彼の唯一の神秘体験だったのだろう。

麻原のように、遍歴した教団から超能力を与えてもらえずにセクトを作る人間は実に多い。優秀な人間ほどそういうことを行なう。GLAから分派したグループにも、高橋信次から「光をあててもらえなかった」人物が数多い。もっとも、「光をあててもらって」も、私のように少しもありがたく思わない不心得者もいるのだから、超能力と悟りとはほど遠いことの証しであろう。

あちこち訪ね歩き、教団を組織した麻原はやがて、『マハーヤーナ』（大乗）という機関誌を出した。ヨガを基本とする『阿含宗』のでたらめさへの反発で、大乗という言葉を使ったのかもしれない。しかし、いつしかこの機関誌のタイトルは『ヴァジラヤーナ』（金剛乗《こんごうじょう》）に変わっている。

金剛乗というのは、空海と最澄との確執で有名な「理趣経《りしゅきょう》」を取り入れている。この思想はチベットなどで十八世紀に発達、日本では左道密教の邪教だとされて弾圧を受けたこともある。「セックスの境地は菩薩の境地である」などと記されているこの本を、空海はその悟りのレベルを疑っていた最澄へ貸し出すのに躊躇《ちゅうちょ》したのである。

最澄という人は立派な僧侶である。少なくとも白いソファーを弟子に運ばせるような馬鹿ではない。しかしその最澄も「理趣経」の借用を許されなかった。だが情報公開の今日、麻原のようなソファーにしがみついた男にも、この本が入手できるようになってしまった。密教系の各派は、すでに市販されている「理趣経」の意味を現代的に正確に解説し、犯罪の防止に努める義務があると思われる。

教団を立ち上げた初期の開祖たちは、「自分は釈迦やキリストの教えを再生できる」と考えるものだ。麻原も同じだったと思う。ところが、この再生作業はとてつもない努力を必要とする。布教のために教団を形成するとお金が必要になってくる。高橋信次のようにすでに経済的に成功している人ならいざ知らず、現代の世の中は釈迦やキリストの時代のように生活が安上がりではない。しかも建物や電話代や印刷代を工面しなければ布教もままならない。口コミの時代ではなくマスコミの時代なのだ。

教祖は宗教のことだけを考えているわけにはいかなくなる。お金のことを他人にまかせれば、教団の命とりになるかもしれない。

こういった経済のマイナスのエネルギーが教団のセクト化を促進する。もちろん、釈迦やキリストの教えを再生するために教団を作ったこと自体がセクト化の始まりであるのだが、そのゆがみはますます大きくなる。大きくなれば改善が不可能になる。

曹洞宗の始祖道元が、「釈迦の正法を禅宗とか曹洞宗とか呼ぶのは悪魔のしわざである」と喝破しているにもかかわらず、現在に至っても曹洞宗はその名称を改めない。

道元ですらできないものを、麻原に求めようとしても、ますますもって無理というものであろう。信者たちは、自分たちの教祖を神格化することでセクトを守り、他者と区別しようとする。少なくとも教祖のブロマイドの印刷を禁止するとか、セクト名の呼称を禁ずるとかの最低限の努力すらなされない教団は、その発生の時点から「盲信」を生み出しているといえるであろう。

ブロマイドを飾ることの恐ろしさを、国家神道時代の「御真影の奉戴」で知っている日本人こそ、率先して御真影をあがめるような心を放逐しなければならない。現人神《あらひとがみ》などというものは、この世には存在しない。人類はすべて平等である。

この本では、宇宙の有機物、無機物全体の意思の総体を「神」と呼んでいる。神のもとでは宗教はひとつであり、たとえ釈迦やキリストのような教祖であろうとも、あくまでも人間であり、礼拝の対象になってはいけないのである。それらの人物の写真や絵を飾ってはいけないのである。礼拝の対象を神以外に求めてはいけないのだ。

オウム真理教は、われわれの無知と弱さが生み出した虚像である。

高橋信次を知るための用語事典

高橋信次を理解するための基本用語。主としてその著書から抜き出しているが、一部筆者の記憶によるものもある。なお、高橋信次はアインシュタインの相対性理論の数式などを黒板に書きながら講演することがあった。

【悪夢（あくむ）】
心が安らいでいない状態だと悪夢を見る。正法《しょうぼう》の生活をしている人々は悪夢を見ない。

【阿修羅界（あしゅらかい）】
闘争の世界。キリストも釈迦も闘争を認めていない。地獄の中にあり、地上界の闘争の世界の十倍程度の激しさなので、ここに落ちると成仏は難しい。

【仇討ち（あだうち）】
神の道に反している。美談ではない。心の安らぎを失う。

【意識（いしき）】
魂のこと。あの世とこの世を往復しながら永遠に生き続ける生命のこと。

【医者（いしゃ）】

医者にかかって治る病気は医者に治してもらうべきだ。なんでも憑依霊のせいにするのは間違い。神理を知れば、医者が治せる病気と霊障による病気との区別がつく。医者は心の尊厳を知らなければならない。

【稲荷大明神（いなりだいみょうじん）】

動物の指導をしている天使。動物の指導はとても難しいので、自分自身の修行も難しい。自分は稲荷大明神だと名乗る霊は一〇〇パーセント動物霊なので、決して言うなりにならないこと。

【怨み（うらみ）】

怨みを晴らそうと思うと、心は阿修羅界に通じ、安らぎを失う。

【縁生（えんしょう）】

ある一定のグループに、同じ時代の過去生を持った人々が集合する現象。高橋信次は物理学にも類似例があるとして、イオンの電位差について説いた。つまりM型半導体の棒の一方を熱することにより、低温側にはマイナス電子が集まり、高温側にはプラス電子が集まる。

電位差ΔV　温度差ΔT　セベック係数αとすると

起電力はΔV＝αΔT

温度差 $\Delta T = Th - T_L$ が大きくなったときは

$$Vs = \frac{Th}{T_L} d(T)dT$$

セベック係数 α は熱起電力の温度に対する微係数として

$$\alpha = \frac{dVs}{dt}$$ が成り立つ。

【神（かみ）】

宇宙を作っている意思。宇宙の調和を目的とした意思である。

【記憶（きおく）】

脳が記憶するのではない。脳は意識が通信をしようと思うとき、五体各機能を管理しながら計算するセンターである。

【教会（きょうかい）】

キリストは教会を作らなかった。衆生に愛の手をさしのべ、野外や、ヨルダン川のほとりなどで神理を説いた。

【現象界（げんしょうかい）】

この世の世界。

【業（ごう）】

カルマともいう。過去生から引きずっている心のくせ。人間はこれを修正するために生まれてきている。

【公害（こうがい）】

地中に埋蔵されていた硫化物や二酸化炭素が、空中に放出され大きな社会問題に発展していく。やがて、熱、光、磁力の応用科学が発展して、そのような物質を無害なものに換えていけるようになる。

【色心不二（しきしんふに）】

物質と生命は一体であるということ。物質とエネルギーの関係もこれと同じである。質量mの物体にFの力が作用し、その方向にSの変位を受けたとすれば、物体が仕事をなしうる能力ΔEは、

$\Delta E = Fds$となる。

これに基づいて計算していくと、物体がΔEだけエネルギーを増す場合、その質量mは、

$m = \frac{\Delta E}{C^2}$だけ増加したことになる。

すなわち仕事をなし得る能力は不二《ふに》である。

【色即是空（しきそくぜくう）】

水が熱作用という縁によって、固体、液体、気体に変化するような自然の法則。水の本性H^2Oには変化がなく、不生、不滅、不増、不減である。図式すると、

熱の仕事量$E = hv$

h＝プランク定数6.24×10^{-27}

v＝振動数

【実在界（じつざいかい）】

あの世。天国から地獄まで、その人の精神状態に応じてさまざまな形態で存在する。

【指導霊（しどうれい）】

その人の修行の目的に応じて協力してくれる天使。

【資本主義（しほんしゅぎ）】

物質経済が根本だと考えている間は、人類は調和のとれた社会を完成できない。物質文明は生活の知恵であるが、心が進化したこととは違う。

【守護霊（しゅごれい）】

魂の兄弟のこと。兄弟の友人が守護霊になることもある。

【正法（しょうほう）】

高橋信次の話しぐせ。正しくは「しょうぼう」と読む。神理のこと。

【処女懐胎（しょじょかいたい）】

マリアが処女で妊娠したというのは、キリストを神に祀り上げようとした人間の偽説。

【睡眠（すいみん）】

肉体を安め、意識が神仏の光をもらう行為。

【先祖崇拝（せんぞすうはい）】

キリストも釈迦も先祖を拝めとは教えていない。肉体を与えてくれた両親に対する報恩の行為で報いるべきものであるとする。調和された生活で親を喜ばせることが大事であり、それが先祖供養である。霊媒が先祖を祀れと言った場合は、一〇〇パーセントが地獄霊の言葉である。

【太陽（たいよう）】

太陽はあらゆる生命にわけへだてなく熱と光を与える。人間が作ったエネルギー供給システムではないからお金は取られない。太陽定数（大気圏外で太陽光に垂直な面を想定した場合の単位面積あたりが受けとるエネルギーの値）に基づいて計算すると、1分間に1㎠あたり200カロリーという大変な量である。電力量で計算すると、140mW/cm^2になる。

【魂の兄弟（たましいのきょうだい）】

あの世からこの世での修行を応援している自分の分身たちのこと。本人ひとりに対して五人の分身がいる。全部男の場合、全部女の場合、半々の場合と三通りある。なぜそうなっているのかは高橋信次もわからない。

【他力本願（たりきほんがん）】
法然や親鸞の念仏、日蓮の題目は、鎌倉時代の民、百姓の恐怖を取り除くためにやむなく説いた方便であり、神仏の存在を知る方法である。しかし本当の救いにはならない。己の心を無にしては悟れない。

【償い（つぐない）】
自分で蒔《ま》いた種は自分で刈り取らなければならないのが償いの法則である。守護霊が代わりに償うということはしない。

【つわり】
母体の意識と子供の意識の波動が異なる場合に起きる現象。ときどき子供の過去生における食習慣が母親に未経験の現象を与えることがある。

【天上天下唯我独尊（てんじょうてんがゆいがどくそん）】
釈迦が生まれてすぐにこう言って七歩歩いたという俗説は、後世の人が釈迦を神格化しようとした作り話。

【転生輪廻（てんしょうりんね）】
高橋信次の話しぐせ。本当は輪廻転生（りんねてんしょう）が正しい言い方。輪廻転生を証明するということは、文証、理証、現証のうちの現証にあたるとして、重視した。

【肉体行《にくたいぎょう》】

肉体を痛めるような苦行をしてはいけない。肉体は修行のために授かった大事な乗り舟だから大事にしなければならない。

【如来《にょらい》】

悟りのレベルに達した人。如来は輪廻転生しないというのが、仏教での一般的な理解であるが、高橋信次によれば、如来といえども人間なので、輪廻転生する。一九七二年現在の総数は四百二十五人。有名な如来としては、モーゼ、クラリオ、マグガリス、阿閃如来、大日如来、釈迦如来、キリストなどがいる。

【脳《のう》】

起きているときは記憶装置として機能するが、寝ているときは機能しない。九〇パーセントの記憶が脳ではなく、意識体（魂）で行なわれている。墓が死後の住居だと思っている人は、心の反省ができないままに死んだ場合。

【仏教《ぶっきょう》】

釈迦の教え。釈迦の教えを修行しない念仏、題目などは、仏教から外れたものである。

【物質《ぶっしつ》】

エネルギー粒子の集中によって固体化したもので、仕事をなし得る能力を持つ。

【ペーパー・テスト】

テストで人間の価値を判断したり、上下をつけるのは神の道ではない。

【菩薩（ぼさつ）】

如来の一段下のレベルまで悟った人、現在二万人弱いる。

【羅漢（らかん）】

古代インド語ではアラハン。悟りのレベルに達した人。レベルの低い順から、シアミ、サマナー、サロモン、アラハン、シュバラー。

【労使（ろうし）】

労使の闘争は物価の安定をさまたげている。労使は平等であり、互いに感謝の気持ちを持ち、互いに足ることを知らなければならない。

心というものは、とてもあつかいにくいテーマである。

この本に書かれている内容に関係している人の大部分が存命している。したがってプライバシーに触れる面もあるので、ぼやけた表現になってしまうことも多く、編集者から何度もお叱りを受けた。

関係者の中には、「どうして私のことを書かなかったのだ」と思われる人もいるかもしれないが、限られたスペースの中で叙述せざるを得なかったので、本書に登場する人は、ごく一部の関係者でしかない。

またGLAの会員には、有名な文化人、俳優、音楽家、マスコミ人なども多数いるが、本書の主旨ではないので、ミカエル事件の時期の関係者を除いては、それらの人々を登場させないように工夫した。

本書では、高橋信次が語る守護霊や、憑依霊のメカニズムを書いている。しかし実際のところ、これらの霊を目視できる人は世の中にはめったにいない。見えないのに、テレビや週刊誌でしょっちゅう守護霊や憑依霊について語られているが、そういう風潮はなくなってほしいものである。

見えない世界を否定しろと言っているわけではない。しかし人間の病気や、不幸を解決するのに、われわれがなすべきことは山のようにある。医学、社会保障、保険などは、人間が生み出した叡智である。それらをより充実させるほうが先決である。

今、私が述べていることをパラドックスと受け取る人もいるかもしれないが、霊の世界というのは、民族の伝承の中に脈々と伝えられてきたアニミズムと結びついてしまいがちだ。新しい科学として霊の世界をとらえるには、大変な知識と経験を必要とする。高橋信次にいわせれば、「今の人間の科学ではとらえきれないもの」ということである。

だから、やみくもに霊を信じるのではなく、フィルターをかけて直視し、霊をあつかえると自称する人々にだまされないように注意すべきである。

本書を出版するにあたって、まず故高橋信次氏とお嬢さんの高橋佳子さんに感謝したい。とくに、高橋佳子さんは現在、父親が残した法灯を継ぐＧＬＡの指導者である。ＧＬＡの会員たちがいまだに払拭できない「教祖への依存心」がなくなれば、会員の指導もしやすくなると思われる。大変な事業であるが、父親のような無理をせずに、のんびりと着実にやっていただきたい。

十九年前の記憶を呼び起こすために、さまざまな人から情報の提供やアドバイスをいただいた。まず現在のＧＬＡに勤務している私の知り合いの方々、および会員の方々に感謝する。

さらに次の方々からご協力をいただいたことを感謝する。敬称を略して記したい。旭丘光志、安喰洋一、有本勝則、大田原治男、風忍、観音寺の寺男のおじさん、倉橋達治、篠原明子、高橋冷子、竹内滋郎、田中成明、田中良晃、土江肇、宮崎弘子、村上宥快、斎藤富男。

またこの本を出す機会を与えてくださった明窓出版株式会社の増本利博さんをはじめスタッフの一同、そして、企画からこまごまとした編集作業までをやってくださった山本勝信さんに感謝する。

著者しるす

一九九五年七月三日

〔本書に寄せて〕

高橋信次先生を偲んで、私の真心を伝えます

引き受け人間学（創始者）藤《ふじ》谷《たに》泰允《やすみつ》

一九七四（昭和四十九）年十二月のある日、私は長崎県佐世保市内にある金明堂書店にふと立ち寄りました。その時の私は二十四歳でした（現在は六十五歳）。精神世界や宗教書が置いてあるコーナーで、『心の原点・高橋信次』という本が目に留まったのです。

しばらく立ち読みをしていると、心の底から驚きと歓びの感情がふつふつと湧いてきました。その本を購入して我が家で一晩中、号泣しながら完読したのです。それまでの私は、本を購入しても、積ん読といいますか、一氣に読み切ったことはなかったのです。

その後、ただちに出版会社に電話して、高橋信次先生（以降、信次先生と表記します）の講演日程を聞きました。

次の年の二月七日、大阪市内の講演会場で初めてお会いしました。会場で出会った私と同年くらいの男性が、「私は精神不安症で、いつもポケットに精神安定剤を持参しているのです」と、右のポケットから薬を出して私に見せたのです。

信次先生の講演には心底から感激しました。思い切り泣きました。そして、「この信次先生は本物だ！　今後ついていこう」と強く決意しました。

それまでにも、霊能者や宗教家といわれる方には数名会って相談していましたが、「前世の悪縁を切るから毎月お金を送金しろ」とか、「先祖の戒名を変えなさい」とか、その他、私にはまったく意味の解らない説明をされる方など、今想えば、本物を知るための反面教師だったと、信次先生の講演後に実感しました。

信次先生の講演が終了すると、質問の時間がありました。先ほどの彼が、「私は精神を病んでいます。どうしても治りたいのです」と質問すると、すぐに「あなたは心の持ち方や生活を変えないと、なかなか良くなりませんよ。今のところは、あなたの右ポケットにある精神薬をしばらく飲んでください」と言われました。彼と私は顔を見合わせてビックリ仰天しました。

それから私は信次先生の会員になり、心の学びを続けたのです。普段では、こんなことはありえないという不思議な体験をたくさんしました。

信次先生の講演セミナーの追っかけをしていたある日、講演中に次のようなお話がありました。

「私の今世は、四十八歳でこの地上界を去って、あの世に還《かえ》る運命を決めてきました。また、魂の世界は自由自在だから、あの世から応援します」などと言われるのです。当時四十七歳だったので、もう来年は、この世にいないということです。

私は、「ウソでしょう、こんなに元氣で太っておられる方が、来年死ぬはずがない」と思っていたのです。

しかし、次の年の三月に開かれた和歌山県白浜講演セミナーでは、本当にゲッソリ痩せていて、まさしく、いのちの抜け殻状態でした。しかし講演は、しっかりしたカン高い声と魂に響く大感動の内容でした。最後に舞台中央に立ち、両手を大きく拡げて、「自分に厳しく、他人に寛容に生きてください」と、同じことを二回言われたのです。

そのとき私は、「ああ、信次先生は神のごとき御方である」と思い、今でもあの感動を忘れることが出来ません。そして、「信次先生！　お約束します」と誓いました。

その後、亡くなる二週間前の東北講演セミナーの講演テープも拝聴しましたが、すごく力強くて、その内容が私の人生哲学の基本となりました。

東京都内での葬儀に参列させていただき、「信次先生との約束を守って必ず生き通します」と心に固く誓ったことを忘れていません。

しかし私はその後、事業に失敗して、生命保険金で責任を取ろうと「死」を覚悟したとき、「逃げるな／試練だ／引き受けなさい／必ず道は開けます」との天の声に導かれ、すんでのところで自殺を思いとどまりました。

その後、生活のためにと、一九八八（昭和六十三）年三月二十一日、三十六歳のときに施療院を開業しました。そして二〇一一（平成二十三）年六月十一日、私の還暦の日に、天からの声によって「引き受け氣功」を改め、「引き受け人間学」と命名し、今年の三月、満二十九年をかけて、ついにほぼ基本を完成させることができます。

私の背後には不思議にも、いつも信次先生の御姿の光を実感するのです。今後も信次先生との約束を生涯忘れることなく、最高の人間力を仲間たちとともに追求して、人類のモデルになりたいと強く願っております。

今、私の過去の人生を振り返ると、小学六年生のときの自分の肉体に対する不満と、中学三年生から始まった死の恐怖、そして、二十二歳で始まった胃の激痛（私は胃ガンだと想い、病院を転々としました）と痩せ細った身体（身長一七〇㎝で体重四〇㎏ほど）、さらには精神の不安定など、本当に苦しい状況のときに信次先生と出会ったのでした。

私は救われました。それまでは、どうせ早死にするのだから、結婚も出来ないと半ばあきらめていましたが、信次先生の存命中に、今の妻と夫婦になれました。人は出会いによって「ひと」になれるのですね！　本当に本当に有り難く想います。

そして、次は本書の著者の菅原秀さんのことを述べさせていただきます。

昨年、私が東京で開催した「ワンダーライフ　引き受けセミナー」に菅原秀さんが参加されました。その後、信次先生のことをお話しすると、「実は僕、高橋信次さんの本を過去に出版しているんですよ」と、在庫がなくなって貴重なはずの著書をいただいたのです。そして、「自分は信次さんとは生前五年間、お付き合いがありました。あの方は本当に氣さくな方だったですよ」と、友だちのように言われるのです。私は彼に対して、ものすごく深い御縁と親近感をいだきました。また、自分のことを「秀さん」と呼んでと言われるので、私は「やすみっちゃん」と呼んでもらうような間柄になりました。

「秀さん」が信次先生をつぶさに描いた本書の内容は、とても客観的で真実味があり、教祖と信者のような関係の発信ではありません。これほどの本が絶版となって、広く世の人々に読んでもらえないのは、実にもったいないなあと想っていたのです。今回の再刊で、一人でも多くの方が在りし日の信次先生の姿にふれてくださることを願っています。

また、「秀さん」は英語の大学講師やジャーナリスト、各種の洋書の翻訳を手掛けるなど、多才な方なのです。それでいて、お付き合いするたびに人間味があり、そして細かい点に氣が利かれるなど、尊敬しております。今後も友人として、志《こころざし》高い同志として、末永く御縁を繫げたいと願っております。

今回の再刊にあたり、私ごとき者に文筆の依頼をしていただいた菅原秀さんと五目舎の西塚裕一氏に、心より御礼申し上げます。有り難うございます。

二〇一七年二月七日

◉著者について
菅原 秀（すがわら しゅう）
1948（昭和23）年仙台生まれ。ジャーナリスト。人間総合科学大学講師（英語）、日本ジャーナリスト会議国際委員長。元アジア記者クラブ代表。ノルウェーの財団で人権・予防外交・民主化支援などの実務に携わる一方、広報コンサルタントとして企業を対象に広報技法を指導している。著書に『ドイツはなぜ和解を求めるのか』（同友館）、『もうひとつの国際貢献』（リベルタ出版）、訳書に『アメリカ・力の限界』（同友館）、『９月11日からのラブレター』（マガジンハウス）など多数がある。本書は新新興宗教の寵児・高橋信次氏との20代前半での貴重な邂逅をつづったノンフィクションである。

[新版《しんぱん》]

誰《だれ》も書《か》かなかった高橋信次《たかはししんじ》
巨星《きょせい》の実像《じつぞう》

◉著者
菅原《すがわら》 秀《しゅう》

◉発行日
初版第1刷　2017年3月30日

◉発行者
田中亮介

◉発行所
株式会社 成甲書房

郵便番号101-0051
東京都千代田区神田神保町1-42
振替00160-9-85784
電話 03(3295)1687
E-MAIL　mail@seikoshobo.co.jp
URL　http://www.seikoshobo.co.jp

◉印刷・製本
株式会社 シナノ

Printed in Japan, 2017
ISBN978-4-88086-356-6